Matthias Röhe

Mit der Albatros
auf Patrouille

Buch über TV-Serie „Küstenwache"

Bibliografische Information der Deutschen Nationalbibliothek: Die Deutsche Nationalbibliothek verzeichnet diese Publikation mit dem Titel „Mit der Albatros auf Patrouille" in der Deutschen Nationalbibliothek; detaillierte bibliografische Daten sind im Internet über http://dnb.d-nb.de abrufbar.

Matthias Röhe

Mit der Albatros auf Patrouille

Buch über TV-Serie „Küstenwache"

Herstellung und Verlag: BoD, Books on Demand GmbH (www.bod.de), Norderstedt
Gedruckt in Deutschland / Printed in Germany
ISBN-13: 978-3-7460-3708-0

Inhalt

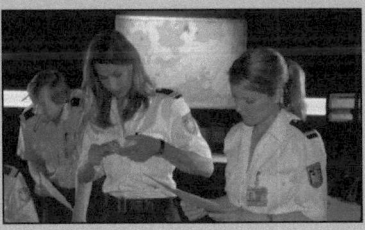

Vorwort

Seit April 1997 wird sie im Fernsehen ausgestrahlt – laut Angaben der austrahlenden Sendeanstalt ZDF erleben je Folge (auch heute noch in der Wiederholung) etwa vier Millionen Zuschauer spannende Geschichten auf hoher See: „Küstenwache" gehört zu den beliebtesten Serien. Sie handelt von Einsätzen der fiktiven Besatzung eines deutschen Küstenwachtschiffes, das auf der Ostsee unterwegs ist. Die Stammbesatzung besteht seit Serienbeginn aus Kapitän Holger Ehlers (gespielt von Rüdiger Joswig) sowie einer wechselnden Schiffscrew. Die Handlungen der einzelnen Folgen sind dem Aufgabengebiet der Küstenwache entsprechend in Küstenorten angesiedelt oder spielen auf Schiffen und Privatyachten.

Die gezeigten Kriminalfälle werden überwiegend erfolgreich gelöst und in einer Fernsehfolge abgeschlossen. Dem Charakter einer Polizeiserie entsprechend werden fast alle Formen von schweren Straftaten thematisiert: so kommen Morde, Entführungen, Erpressungen, Überfälle, aber auch Vergehen mit maritimen Hintergrund wie Schmuggel, Giftmüll-Transporte, Fischerei-Delikte in der „Küstenwache" vor. Die Ermittlungen werden von der Einsatzzentrale in Neustadt in Holstein koordiniert. In beinahe jeder Folge kommt als operatives Küstenwachtschiff die „Albatros" oder „Albatros II" zum Einsatz. Trotz des Erfolges wurde die Krimiserie mit Ende der Ausstrahlung von Staffel 17 im Januar 2016 eingestellt. Es werden keine neuen Folgen mehr produziert.

Die Verbrecherjagd auf der Ostsee ist vorbei: Das ZDF stellt die „Küstenwache" ein. Begründung: „Um unser Serienangebot kontinuierlich zu modernisieren und unseren Zuschauern neue Entwicklungen anbieten zu können, müssen wir uns gelegentlich von langlaufenden Formaten verabschieden", heißt es in einer Mitteilung des Senders. Ein Satz – das ist alles. Es gibt keine Erklärung, was mit den Schauspielern passiert, kein

Wort des Bedauerns, dass die Serie, die seit 1996 in Neustadt gedreht wird, aufgegeben wird. Vorbei ist vorbei. Schluss, Punkt, Aus und Ende?

Die Nachricht über das Serien-Aus löste Aufregung in Neustadt aus. Bürgermeisterin Tordis Batscheider (SPD) reagierte geschockt, wie die Lübecker Nachrichten im Juni 2014 berichten. Sie wolle den Intendanten des Senders kontaktieren und ihm mitteilen, dass es ein herber Schlag für die keline Stadt an der Ostsee sei. Auch Kommunalpolitiker wollten damals gemeinsam versuchen, das ZDF umzustimmen.

Genützt hat all dies leider nichts. Auch eine Online-Petition brachte keinen Erfolg. Es gibt nur noch Wiederholungen, keine neue Folgen.

Aber muss die Serie jetzt in Vergessenheit geraten, trotz der Wiederholungen (zum Beispiel aktuell auf ZDF Neo)?

Nein! Genau aus dem Grund, dass sich noch heute in der Wiederholung oder auf DVD Hunderttausende Menschen diese Serie anschauen, hat der Autor dieses schmale Buch heraus gebracht. Noch heute interessieren sich viele Menschen für die Drehorte an der Ostseeküste. Noch heute googeln sie die Namen der Schauspieler und fragen sich, was sie nun machen. Noch heute pilgern Zuschauer durch die Innenstadt von Neustadt, benachbarten Ortschaften oder verschiedenen Küstenabschnitten – immer auf den Spuren der „Küstenwache".

„Ach – hier wurden die Szenen aus der einen ganz bestimmten Folge gedreht", ist von vielen Touristen zu hören, die meistens mit einem Prospekt oder ihrem Smartphone in der Hand spazieren gehen und sich an schöne TV-Momente erinnern. Einige zücken ihre kleine Digitalkamera oder das Smartphone und schießen Erinnerungsfotos von ehemaligen Dreh-Kulissen der Serie.

Vor Ort in Erinnerungen schwelgen – gerne auch mit diesem kleinen Erinnerungsbuch, das Infos zu den Schauspielern und

Drehorten beinhaltet und die ein oder andere „Zwischenzeile"
aus dem Team vermittelt. Ich wünsche Ihnen viel Spaß beim
Lesen und hoffe, dass für Sie einige nützliche Infos dabei
sind.

*Die Besatzung der „Albatros II" hält ein Schild mit dem
Namen des Schiffs der Küstenwache in der Hand. Von links
nach rechts sind dies die Schauspieler Elmar Gehlen, Alina
Hochscheid, Rüdiger Joswig, Andreas Arnstedt, Michael
Kind, Ralph Kretschmar und Stefanie Schmid. Dieses Foto
entstand bei Dreharbeiten im Juni 2005 vor dem Studio in
Neustadt.*

Grundsätzliches

„Küstenwache" ist der Name einer deutschen Fernsehserie, deren Erstausstrahlung von April 1997 bis Januar 2016 im ZDF erfolgte. Bei der Familienserie handelt es sich um eine Polizeiserie mit dem Schwerpunkt auf der Darstellung persönlicher Schicksale auf der Ostsee. Ort der Handlung war die schleswig-holsteinische Ostseeküste – vorwiegend zwischen der Insel Fehmarn und der Hansestadt Lübeck.

Gedreht wurde überwiegend an Originalschauplätzen. Die Fernsehserie wurde durchschnittlich von etwa vier Millionen Zuschauern verfolgt, wie es in Mitteilungen des ZDF heißt. Es wurden zwischen 1996 und 2013 siebzehn Staffeln mit 299 Episoden produziert. Mit Ende der Ausstrahlung von Staffel 17 wurde die Krimiserie im Januar 2016 eingestellt. Einzelheiten zu dem Serien-Aus entnehmen Sie bitte dem entsprechenden Kapitel.

Die Außenaufnahmen auf dem Schiff „Albatros" wurden bis zur siebten Staffel auf dem real existierenden Schiff des Bundesgrenzschutzes später Bundespolizei „Duderstadt" (BG 14 beziehungsweise BP 14) gedreht. Das Schiff wurde zwischenzeitlich außer Dienst gestellt. Danach wurden die Aufnahmen auf den Nachfolgeschiffen „Neustrelitz" (BP 22) und „Bad Düben" (BP 23) erstellt. Seit der Änderung des Drehortes wurde das Schiff in der Serie als „Albatros II" bezeichnet.

Wegen des begrenzten Platzes an Bord der Schiffe gestalteten sich die Dreharbeiten oft schwierig. Die Filmcrew besteht immer aus mehreren Mitgliedern – ein Grund für schwierige Drehbedingungen. Aber auch die ganze Ausrüstung wie Scheinwerfer, Kameras, Maskenwagen oder Monitore erschwerten wegen mangelnden Platzes die Dreharbeiten an Bord. Nicht zu vergessen waren die Dreharbeiten auch wegen des oft wechselhaften Wetters an der Ostsee nicht immer leicht. Schließlich kommt noch hinzu, dass die Schiffe von der

Bundespolizei (Bundespolizeiinspektion See) nur für die Dauer der Dreharbeiten geliehen waren. Übrigens: Eine besondere Herausforderung stellte der Dreh der Folge „Götterdämmerung" dar. Die Dreharbeiten in der Ostsee in Höhe Eckernförde mussten zum Teil unter hohem Seegang ausgeführt werden. Hierfür stellte die Deutsche Marine dem Produktionsteam – zum ersten Mal im deutschen Fernsehen – eines ihrer U-Boote zur Verfügung.

Dass Bundeswehr und Bundespolizei dem Filmteam Hilfe anbieten, kommt beiden Seiten zugute. Das Filmteam kann an echten Orten unter realen Bedingungen drehen – somit kommt sie beim Zuschauer authentisch rüber.

Für Bundeswehr und Bundespolizei ist es eine ideale Werbung. Anlässlich des 25. Geburtstages des Schiffes „Bad Düben" teilte Matthias Menge, Pressesprecher der Bundespolizeidirektion Bad Bramstedt mit, dass am 7. August 1996 die Peenewerft Wolgast das Schiff an den Bundesgrenzschutz See übergab. Es wurde auf den Namen „Bad Düben" getauft und unter der taktischen Bezeichnung BG 23 in dem neuen Aussehen mit blauem Rumpf und weißen Aufbauten in Dienst gestellt. Im Rahmen der Umbenennung von Bundesgrenzschutz in Bundespolizei erhielt die „Bad Düben" die Kennung BP 23. Zusammen mit ihrem Schwesterschiff BP 22 „Neustrelitz" sorgt sie für die Erfüllung der bundespolizeilichen Aufgaben im Bereich der Bundespolizeiinspektion See Neustadt von Wismar bis Flensburg.

Neben ihrer dienstlichen Verwendung waren beide Schiffe als „Albatros II" in zahlreichen Folgen der ZDF-Serie „Küstenwache" zu sehen und sind zum Sympathieträger mit hohem Wiedererkennungswert für die Bundespolizei geworden.

Matthias Menge spricht hier von einem Sympathieträger – und genau das trifft es auf den Kopf. Junge Leute bekommen über die Serie einen Eindruck über die Arbeit der Bundespolizei.

Interessierte bekommen lebendig zu sehen, wie die Bundespolizeiinspektionen See in Neustadt in Holstein mit ihrer maritimen Einsatzkomponente „Bundespolizei See" die Seegrenze in der Nord- und Ostsee (Schengen-Außengrenze) überwacht oder auch für andere Kriminalfälle auf hoher See zuständig ist.

Das Küstenwachschiff „Bad Düben BP 23" auf dem Nord-Ostsee-Kanal. Dieses – und das Schwesterschiff „Neustrelitz BP 22" – diente als Filmkulisse. In der Serie heißt das Küstenwachschiff „Albatros II". Foto: Frank Schwichtenberg (Huhu Uet, Wikipedia, Lizenz: CC-BY 3.0)

Das Schiff „Bad Düben BP 23" liegt am Hafen von Neustadt.

Drehorte der Serie

Wie bereits auf Seite 7 kurz angerissen, wurden alle Außen-aufnahmen auf einem im Dienst befindlichen Schiff der Bundespolizei Amt See mit Sitz in Neustadt in Holstein gedreht. Bis zur siebten Staffel auf dem Schiff des Bundesgrenzschutzes „Duderstadt BG 14", nach der Umbenennung des Bundesgrenzschutzes in die Bundespolizei wurde das Schiff entsprechend in „Duderstadt BP 14" umgetauft. Es handelte sich um ein Streifenboot der Bundespolizeiinspektion Neustadt mit Funkrufnamen „Albatros 14". Als das Schiff offiziell außer Dienst genommen wurde, kamen wechselweise die Nachfolgeschiffe „Neustrelitz" (BP 22, realer Funkrufname „Albatros 22") und „Bad Düben" (BP 23, realer Funkrufname „Albatros 23") ins Fernsehen.

Das Filmteam gab dem Schiff allerdings den fiktiven Schiffnamen „Albatros" (mit fiktiven Funkrufnamen „Albatros 1") beziehungsweise nach dem Schiffswechsel „Albatros II" (mit fiktiven Funkrufnamen „Albatros 2").

Der Schiffsrumpf (Bug) der „Neustrelitz BP 22" im Hafen von Neustadt im Jahr 2014.
Rechts das Wappen der Küstenwache am Schornstein.

Wie auf dem Foto oben gut sehen ist, hatte das Filmteam an Bord nicht viel Platz für Außendrehs. Deshalb wurden auch „nur" die Außeneinstellungen auf oder in Nähe des Schiffes produziert. Sämtliche Innenaufnahmen, die auf der Kommandobrücke, Büros, Kajüten, Schiffsküche, Funkraum, Messe (Essensraum) oder sonstigen Räumen an Bord spielen, entstanden in einem Studio in Neustadt. Dort wurde mit einfachen Sperrholzplatten die Inneneinrichtung eines Schiffes nachgebaut, welches im Fernsehen die „Albatros" darstellte.

Mehrere Jahre lang entstanden in einer alten Fabrikhalle in der **Werftstraße 7 in Neustadt** Innenaufnahmen.

In diesem Gebäude entstanden jahrelang Innenaufnahmen. Produktionsfahrzeuge stehen davor. Foto: qwesy qwesy (Wikipedia, Lizenz: CC-BY 3.0)

Mit Holzwänden wurden in der alten Fabrikhalle Kajüten nachgebaut, in denen die Schauspieler vor der Kamera agierten. Nichts für Personen mit Platzangst – auf einem echten Schiff wäre der Platz noch begrenzter...
Fotos (2): Kai Labrenz

Das alte Fabrikgebäude von der rückwertigen Seite.

Mit Namensänderung des Streifenschiffs „Albatros" zur „Albatros II" änderte sich auch der Drehort für die Innenaufnahmen. Die Filmcrew baute sich eine leerstehende Bootshalle in der Straße **Am Holm 68** um – die fortan bis zur letzten Folge als Studio 2 fungierte. Die Produktion richtete die Bootshalle

Das Studio 1 in der Werftstraße (direkt am Hafen) konnte von Besuchern angeschaut werden, nachdem die Filmcrew in ein neues Studio in der Straße Am Holm gezogen war.

wieder so ein, dass sie gute Drehbedingungen bekam. „Im Sommer stand in der Halle die Luft", erinnert sich ein Crew-Mitglied. Aber ansonsten war die Lagerhalle für die Zwecke gut und vor allem größer als die bisherige in der Werftstraße. Zahlreiche Scheinwerfer wurden an der Hallendecke montiert, Kajüten eingerichtet und eine große Kommandobrücke mit umfangreicher Navigationseinrichtung und weiteren Schiffsinstrumenten nach gebaut.

Auch ein großräumiger Büroraum für Kapitän Holger Ehlers (Rüdiger Joswig), beziehungsweise seinem Vertreter ab der 2. Staffel Hermann Gruber (Michael Kind) sowie seinem Nachfolger Thure Sander (Manou Lubowski) wurde eingerichtet.

Computer, Monitore, Drucker, Faxgeräte, Telefone – mehrere Arbeitsplätze für die Schiffscrew wurden kameragerecht aufgestellt. Geografische Karten der Ostsee wurden an mehreren Holzplatten, die die Wand darstellten, aufgehängt.

In der an gemieteten Bootshalle wurde aber nicht nur die „Albatros" oder „Albatros II" gebaut: ebenfalls in der Halle auf dem Gelände der Ancora Marina (direkt am Yachthafen von Neustadt) entstand auch die Einsatzzentrale als Filmkulisse.

Auch in diesem Bereich wurden mehrere Arbeitsplätze nach gebaut – und im Fernsehen denkt der Zuschauer, dass es sich um eine riesige Einsatzzentrale der Bundespolizei handelt. Das letztendlich immer nur gewisse Bereiche/Kajüten nach gebaut wurden und die Wände aus Holzplatten bestanden, bekommt kein Zuschauer in den Folgen zu sehen.

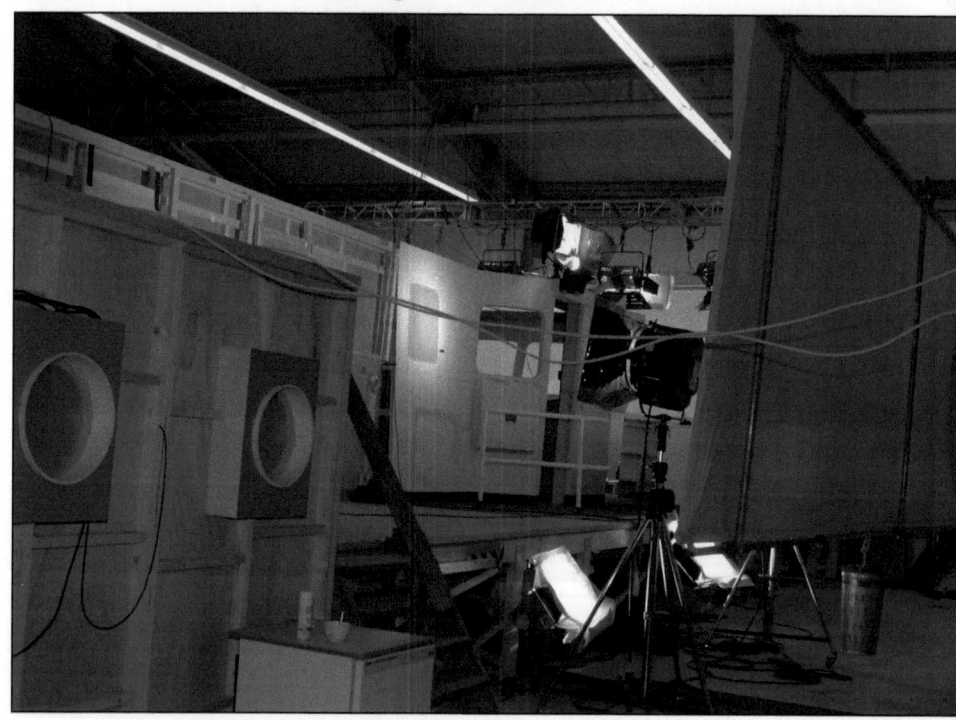

So sieht`s hinter den Kulissen aus: Die „Albatros" beziehungsweise „Albatros II" befindet sich auf einer Art Bühne. Mittels einer fünfstufigen kleinen Treppe gelangen die Schauspieler mit dem Filmteam „an Deck". Die Wände bestehen aus simplen Holzplatten, die von Holzpfählen oder mit der Decke verbundenen Drahtseilen gehalten werden. Die zwei „Bullaugen" vermitteln Schiffs-Athmosphäre.

14

Die Bootshalle bot relativ viel Platz – lediglich der Parkplatz vor der Halle war für den Fuhrpark etwas klein. Immerhin gehörten zur Fahrzeugflotte zwei Gerätewagen, ein so genannter Lichtwagen (Stromaggregatorwagen), Maskenmobil, Fahrzeug für Catering, sowie mehrere Wohnmobile als Aufenthaltsort für die Darsteller. Zudem mussten teilweise Shuttle-Fahrzeuge, die die Darsteller vom Hotel oder der privaten Wohnung zum Drehort brachten, abgestellt werden.

Übrigens: während das Filmteam im Studio 2 bis zum Serienende Innenaufnahmen drehte, konnten Fans und Touristen das nicht mehr genutzte Küstenwache-Studio 1 an der Werftstraße besuchen.

Ein eigens gegründeter Küstenwache-Fanclub bot als Betreiber in den Sommermonaten Studiobesichtigungen an. Es gab „echte Studioluft" zu schnuppern und Interessierte bekamen einen Blick hinter die Kulissen. So waren in dem Gebäude die Originalkulissen der „Albatros", das Büro von Hermann Gruber (Michael Kind), Filmausstattungen, Drehbücher und Fotos vom Set zu bestaunen. Mitglieder des Fanclubs erzählten Geschichten rund um die Produktion. Beliebtes Fotomotiv: Original-Requisiten. Die Besucher konnten die Kulissen begehen – Fotografieren und Anfassen waren teilweise erlaubt. Einzig die Stühle, auf denen die Schauspieler in ihrer Drehpause gesessen haben und die mit dem jeweiligen Namen beschriftet waren, durften nicht benutzt werden.

 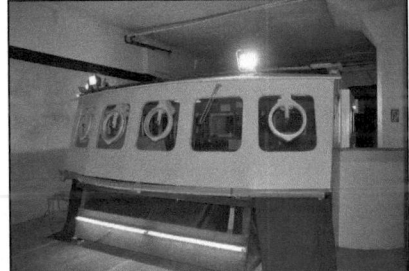

Stühle der Serien-Darsteller Arnstedt und Kind. Rechts die Kommandobrücke der „Albatros". Fotos: Kai Labrenz

Weitere Fotos aus dem Studio 1 der Küstenwache bekommen Sie unter anderem im Kapitel „Küstenwache-ABC" zu sehen. Weitere regelmäßige Drehorte waren sowohl das **Rathaus in Neustadt in Holstein** (das Rathaus selbst wurde 1817 nach einem Stadtbrand am heutigen Standort Am Markt 1 errichtet und ist bis heute Sitz der Stadtverwaltung) als auch das **Krankenhaus.** In den 299 ausgestrahlten Folgen ging es oftmals gefährlich zu – es gab Verletzte, die versorgt werden mussten. Der Drehort war in solchen Fällen „Schön Klinik" am Kiebitzberg 10 in Neustadt.

Überwiegend entstanden Aufnahmen im Eingangsbereich der Klinik. Es kam aber auch vor, dass das Team auf einer Station im Krankenzimmer drehte. Die Klinik liegt nur wenige Meter von der Ostsee entfernt, in der Nachbarschaft befindet sich ein Campingplatz.

In vielen Folgen ist schlicht und einfach das Stadtbild von Neustadt in Holstein zu sehen: dazu gehört auch der **Hafen.** Das Team drehte einige „Alltagsszenen" unter anderem auf dem Marktplatz, der Schiffbrücke, Am Binnenwasser sowie dem Klosterhof in der etwa 15.000 Einwohner zählenden Kleinstadt. Sind in einer Folge viele Schiffe zu sehen (wie beispielsweise auf dem Foto auf Seite 16), kann davon ausgegangen werden, dass die Szenen in einem der Häfen in Neustadt entstanden sind. So machte das Filmteam unter anderem am Neustädter Kommunalhafen Halt. Dieser erstreckt sich entlang einer fast 700 Meter langen Kaimauer an der Westseite des Neustädter Hafens. Die Nordbegrenzung bildet eine Brücke zum Binnenwasser. Durch seine fjordähnliche Lage ist er gegen Stürme aus allen Richtungen gut geschützt.

Damit allerdings die Schiffe im Fernsehen im Hintergrund einer Szene sind, wurden die Szenen meist auf der gegenüberliegenden Seite gedreht (beispielsweise in Höhe des Fischereimuseums oder dem Ufer am Unteren Jungfernstieg).

Auch im **Sportboothafen** und im **Segelhafen des NSV** (Rundhafen) wurden bereits mehrere Außenaufnahmen gedreht.

Ebenfalls ein beliebtes Motiv bei den Dreharbeiten war das Areal von **Ancora Marina** – mit 1.400 Liegeplätzen der größte und modernste private Yachthafen an der Ostsee. Im Laufe der Produktionsjahre wurden auf dem Gelände sehr viele Innen- und Außenaufnahmen produziert.

Sie kennen die Folge „Haffpiraten" (Staffel 10, Folge 19, Erstausstrahlung am 7. März 2007)? Gedreht wurden viele Szenen auf dem Gelände des am Ende des Jungfernstieges gelegene **Strandbad** in Neustadt. Das Strandbad liegt nur wenige Meter vom NSV Rundhafen entfernt und lädt in den Sommermonaten zahlreiche Touristen zum Verweilen und natürlich Baden ein.

Ein weiterer interessanter Drehort der Küstenwache war der ehemalige **„Horchturm Pelzerhaken"**. Dabei handelt es sich um einen 1992 aufgelösten Aufklärungsturm der Bundeswehr. Dieser diente in der Folge „Countdown auf See" als Gefängnis. Es wurden aber auch schon Innenaufnahmen produziert – dann war er als Büro im Bild.

Der „Horchturm" liegt in Pelzerhaken, knapp zwei Kilometer von der Innenstadt Neustadts entfernt. Pelzerhaken ist ein Ortsteil der Gemeinde Neustadt in Holstein.

Wer mit dem Auto anreist, wird Schwierigkeiten mit einem Parkplatz bekommen. Daher empfiehlt es sich, bereits im Dorfkern zu parken und dann über die Straße „Auf der Pelzer Wiese" direkt am Stellplatz für Wohnmobile und Wohnwagen entlang zu Fuß zu dem Gelände zu laufen – es sind nur wenige Gehminuten. Wieso der Turm „Horchturm" genannt wird? Während des „Kalten Kriegs" (1947 bis 1989) waren in dem im Jahr 1972 errichteten Turm Abhöreinrichtungen installiert und der Feind abgehört.

Auch das **Umwelthaus** mit seinem markanten roten Klinkerbackstein, welches vom Bund für Umwelt und Naturschutz Deutschland (BUND) betrieben wird, war Kulisse für die Serie „Küstenwache". Es fungierte als Kloster. Im wirklichen Leben stoßen hier aber die Besucher nicht auf Mönche oder Nonnen, sondern bekommen auf spielerische Art und Weise Interessantes über umweltbewusstes Verhalten und die spezifische Natur des Ostseeraums erklärt. Das Umwelthaus ist zu finden in der Straße Am Strande 9.

In mehreren Folgen ist die **Seebrücke in Pelzerhaken** zu sehen. Dort legt die „Albatros" oder „Albatros II" bei ihren Einsätzen
in Strandnähe an – dann ist die etwa 156 Meter lange Seebrücke im Hintergrund zu sehen. Besuchern bietet sie einen traumhaften Ausblick auf die Ostsee. Wie es in einem Prospekt der Ostseebäder Neustadt/Pelzerhaken/Rettin heißt, können Besucher bei gutem Wetter die mecklenburgische Küstenlinie erkennen. Direkt an der Seebrücke befindet sich ein Badestrand. Zudem lädt die Strandpromenade zum Verweilen ein, an der sich unter anderem die Touristinformation befindet.

Auch der örtliche **Surfstrand in Pelzerhaken** wurde in mehreren Szenen der Serie eingebunden, genauso wie die Strand-sauna und die Surfschule. Der Strandabschnitt gehört zur Surf-city Neustadt und ist ein beliebter Surfspot.

Wenn Außenaufnahmen auf dem Schiff gedreht wurden – teil-weise mit Hubschraubern und mehreren Bei- oder Schlauch-booten – ging es für die Filmcrew auf der Ostsee auch schon mal vor die Küste von Sierksdorf, Haffkrug, Scharbeutz bis Timmendorfer Strand.

Auch die **Steilküste von Grömitz** diente als Filmkulisse. Dort kam es zu einem spektakulären Unfall, der filmisch umgesetzt wurde. Die Freiwillige Feuerwehr Grömitz war als so genann-te Sicherheitswache am Set.

Im **Hallenbad von Eutin**, etwa 18 Kilometer von Neustadt entfernt, entstanden im Jahr 2012 ebenfalls einige Aufnahmen. Einen Höhepunkt erlebte das Filmteam der „Küstenwache" bei Dreharbeiten an einem **Marinestandort in Eckernförde**. Dort stand Ralf Moeller vor der Kamera (lesen Sie dazu auch das Kapitel Gastdarsteller). Der Kinostar spielte einen Ex-Waffenlobbyisten, der ein U-Boot in seine Gewalt bringt und Kurs auf Kiel nimmt. „Gaststar bei der 200. Folge zu sein, ist eine Ehre", sagte Ralf Moeller am Set.

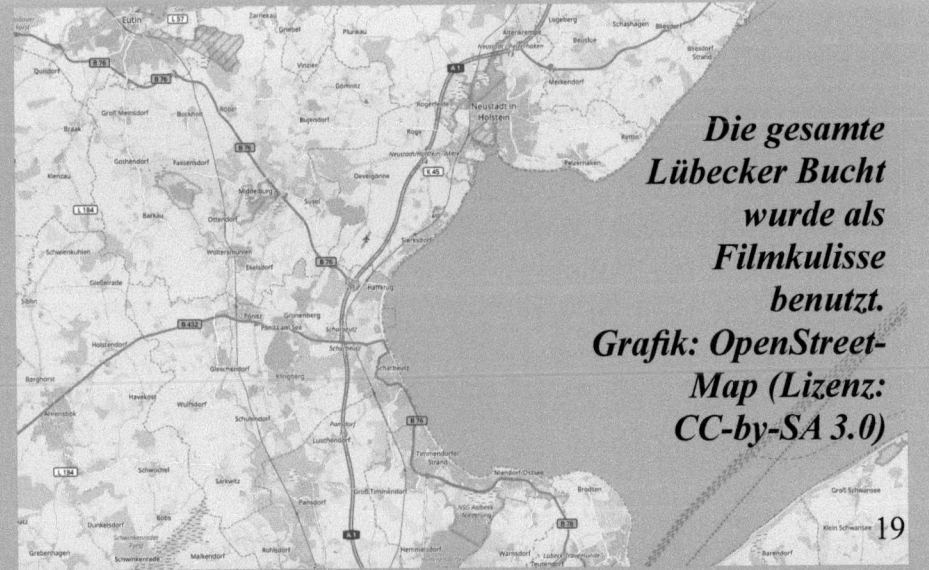

Die gesamte Lübecker Bucht wurde als Filmkulisse benutzt. Grafik: OpenStreet-Map (Lizenz: CC-by-SA 3.0)

Positionen und Rollen auf der „Albatros" / „Albatros II"
Kapitän

Polizeihauptkommissar Holger Ehlers (gespielt von Rüdiger Joswig) war von Beginn der Serie an der Kapitän an Bord der „Albatros", später auf dem Nachfolge-Schiff „Albatros II".

Rüdiger Joswig als Polizist Holger Ehlers. Foto: Kai Labrenz

Im Laufe der Zeit wurde er zum Ersten Polizeihauptkommissar befördert. Vertreten wurde Holger Ehlers in mehreren Folgen durch den Ersten Polizeihauptkommissar Hermann Gruber (Michael Kind) sowie häufiger durch Polizeioberkommissar Thure Sander (Manou Lubowski).

In Episode 273 („Ehlers große Entscheidung") erhält Kapitän Ehlers das Angebot, für die UN als Kapitän vor der Küste in Somalia (Afrika) zu arbeiten und verlässt in Folge dessen sein Revier in Neustadt. In der darauffolgenden Episode („Spielball der Wellen") wird Thure Sander der neue Kommandant der „Albatros II". Seitdem ist er als Erster Polizeihauptkommissar zu sehen.

Michael Kind (links) als Hermann Gruber und Rüdiger Joswig als Holger Ehlers. Beide tragen noch die alte Dienstuniform des Bundesgrenzschutzes.

Manou Lubowski (Foto oben) verkörpert in der Serie den Polizisten Thure Sander.

Links sitzt Darsteller Michael Kind auf „seinem" Stuhl in einer Drehpause in Neustadt.

Wachoffizier

In den 299 ausgestrahlten Folgen kam es zu zahlreichen Personalveränderungen auf dem Streifenboot der Küstenwache. In der ersten Staffel ist Frederike Hansen (Julia Bremermann) als Wachoffizier an Bord der „Albatros" zu sehen. Sie verabschiedet sich zu Beginn der zweiten Staffel von ihrer Schiffscrew und übernimmt das Kommando auf einem Küstenwachboot in der Nordsee.

Ihre Nachfolgerin an Bord ist Britta Larsen (Christina Greb). Sie ist bis zum Anfang der 3. Staffel auf der „Albatros" als Wachoffizier zu sehen.

In Episode 28 („Piraten auf der Ostsee") wird sie im Einsatz erschossen. Es kommt Heike Schenk (Ursula Buschhorn) an Bord, ab Episode 39 fährt Rike Claasen (Nele Woydt) als Wachoffizier mit der Schiffscrew der „Albatros". Sie wird schwanger und verlässt bereits wieder in der sechsten Staffel das Küstenwachschiff.

Katja Frenzel-Rühl als Bootsfrau Julia Sandhoff, Nele Woydt als Wachoffizier Rike Claasen und Rüdiger Joswig als Kapitän Holger Ehlers. Foto: Kai Labrenz

In Episode 62 („Mörderisches Rendezvous") tritt ihre Nachfolgerin auf der „Albatros" auf: Mona Jürgens (Jasmin Gerat) an. Allerdings ist die Polizeioberkommissarin im BGS

Mona Jürgens nur in 24 Episoden zu sehen, in der 8. Staffel (Episode 86, „Flucht ohne Wiederkehr") wird sie durch Jana Deisenroth (Stefanie Schmid) abgelöst. Ein weiterer Personalwechsel ist nach der 10. Staffel in der Episode 127 („Die letzte Beichte") zu

Katja Frenzel-Rühl und Nele Woydt.
Foto: Kai Labrenz

verzeichnen. Wachoffizierin Jana Deisenroth geht zu einem Bundespolizeistützpunkt nach Cuxhaven und wird dort zum Kapitän befördert. Abgelöst wird sie von Polizeioberkommissarin Saskia Berg (Sabine Petzl).

Jasmin Gerat als Polizeioberkommissarin Mona Jürgens (Wachoffizierin). Foto: Kai Labrenz

Das Foto rechts zeigt Stefanie Schmid als Polizeioberkommissarin Jana Deisenroth (Wachoffizierin).

Smutje und Sanitäter

Polizeiobermeister im BGS Kalle Schneidewind (gespielt von Rainer Basedow) ist in den ersten 81 Episoden Smutje und Sanitäter an Bord der „Albatros". Er wird ab Episode 33 ab und zu durch Polizeiobermeister Kai Norge (Andreas Arnstedt) vertreten. In den Episoden 68 bis 80 arbeiten beide gleichzeitig an Bord der „Albatros". Norge agiert an Bord als Sanitäter, während Schneidewind sich als Smutje nützlich macht.

In Episode 81 („Das große Geld") hat Einsatzleiter Gruber schlechte Nachrichten für Schneidewind: Der Befund des Hausarztes bescheinigt ihm die Dienstuntauglichkeit. Kalle Schneidewind kann kaum fassen, dass seine Zeit auf der „Albatros" tatsächlich abgelaufen sein soll. Aber sein Albtraum, für immer das Küstenwache-Schiff verlassen zu müssen, ist Wirklichkeit geworden.

Von links: Rainer Basedow, Rüdiger Joswig, Elmar Gehlen und Patrick Gräser. Foto: Kai Labrenz

Er lässt sich schlussendlich pensionieren. Ab Episode 82 („Wer den Wind säht") ist Kai Norge sein offizieller Nachfolger an Bord. Schneidewind eröffnet eine Kneipe und ist in weiteren Episoden als Kneipenwirt zu sehen, in denen er immer ein offenes Ohr für seine ehemaligen Kollegen hat.

In Folge 278 „Heldin wider Willen" steigt Kai Norge aus. Zusammen mit seiner Freundin geht er in ein Zeugenschutzprogramm – seitdem gibt es keinen Smutje und Sanitäter mehr an Bord der „Albatros II".

Leitender Maschinist
Von Beginn der Serie bis Episode 212 („Alles oder nichts")

Andreas Arnstedt tritt in der Serie als Polizeiobermeister Kai Norge auf.
Foto: Kai Labrenz

war Wolfgang Unterbaur (Elmar Gehlen) Leitender Maschinist an Bord der „Albatros" und später an Bord der „Albatros II". In der Folge 215 („Der Neue") tritt Marten Feddersen (Andreas Dobberkau) als neuer Leitender Maschinist an Bord der „Albatros II" in Erscheinung.

Schauspieler Elmar Gehlen.

Funker

Polizeimeister im BGS Rolf Hohmann (Gregor Weber) ist in den ersten beiden Staffeln (21 Folgen) als Funker an Bord der „Albatros" im Einsatz. Er verlässt aus privaten Gründen nach Folge 23 („Unsichtbarer Feind") den Bundesgrenzschutz und quittiert seinen Dienst. Als neuer Kollege kommt ab Folge 24 („Feuer an Bord") Polizeimeister im BGS Paul Kramer (Pascal Lalo) als Nachfolger auf die „Albatros". Allerdings geht er in Folge 35 („Mörderische Jagd") wieder von Bord, da er für einen Sondereinsatz im Kosovo entscheidet.

Als Nachfolger erscheint Polizeimeister im BGS Erik Lorenzen (Jan Sosniok) und ist als Funker und Waffenwart aktiv. In Folge 48 („Piratenkinder") verlässt er die Küstenwache in Neustadt – lässt sich auf eine andere Dienststelle versetzen. In weiteren Folgen ist er jedoch zu sehen, weil er mit Polizeioberkommissarin Rike Claasen zusammen ist. Es kommt als Nachfolger Janis „Jan" Kamp (Patrick Gräser) als Funker an Bord. Mit ihm ging der letzte Funker an Bord der „Albatros". Seit dem Wechsel zur „Albatros II" gibt es einen Kommunikationstechniker, der unter anderem für den Funk zuständig ist.

Patrick Gräser als Polizeimeister Janis „Jan" Kamp. Das Foto oben zeigt Rüdiger Joswig zusammen mit Patrick Gräser in einem Schlauchboot. Fotos: Kai Labrenz

26

Bootsfrau

Als Bootsfrau arbeitet in den ersten 13 Folgen auf dem Streifenboot „Albatros" Polizeiobermeisterin im BGS Rita Friesen (verkörpert von Lena Lessing). Als sie schwanger wird und schließlich in Mutterschaft geht, verlässt sie das Küchenwach-Schiff und es kommt ab Episode 14 („Meuterei auf der Càdiz") Polizeikommissarin Anke Diekmann (Anke Kortemeier) an Bord. Ab Folge 24 („Feuer an Bord") wird sie durch Polizeikommissarin Simone von Ahlbeck (Miriam Smolka) ersetzt.

Auch sie bleibt nicht lange an Bord des Schiffes – bereits in der Folge „Mörderische Jagd" zum Ende der 3. Staffel hat sie ihren letzten Einsatz und geht anschließend mit Kollege Paul Kramer in einen Sondereinsatz in den Kosovo.

Es folgt Polizeikommissarin im BGS Julia Sandhoff (Katja Frenzel-Röhl) als neue Bootsfrau. Sie wird jedoch bei einem Einsatz verletzt und durch Polizeikommissarin Lili Carlson (Sandra S. Leonhard) abgelöst. Nach ihrer Ablösung schiebt Sandhoff zunächst Innendienst und arbeitet später in der Kneipe von Pensionär Kalle Schneidewind. Sie und Funker Janis „Jan" Kamp heiraten auf der „Albatros".

In Folge 98 („Mord ohne Leiche") gibt es einen weiteren Wechsel: Polizeikommissarin Alex Johannson (Aline Hochscheid) arbeitet als Bootsfrau des Streifenbootes. Auf tragische Weise kommt sie in Folge 163 („Höllenfahrt") ums Leben. Es ist in dieser Folge ein ungemütlicher Tag auf See. Das Meer ist aufgewühlt und die Wellen schlagen gegen das Kontrollboot der Küstenwache. Dennoch will Bootsfrau Alex Johannson einen Tauchgang wagen – eine spannende Folge mit tragischem Ende. Ab Episode 164 („Stummer Hass") ist Polizeikommissarin Leonie Stern (Annekathrin Bach) ihre Nachfolgerin. Sie wechselt schließlich zur Krisenintervention der Bundespolizei und wird ab Folge 233 („Todesengel") von Pia Cornelius (Lara-Isabelle Rentinck) abgelöst.

Bis zur letzten Folge ist sie als Bootsfrau auf der „Albatros II"
im Einsatz.

Katja Frenzel-Rühl, Rüdiger Joswig und Nele Woydt an
Bord der „Albatros". Fotos: Kai Labrenz

Rainer Basedow, Katja Frenzel-Rühl, Elmar Gehlen,
Rüdiger Joswig, Patrick Gräser und Nele Woydt vor
dem Küstenwache-Schiff „Albatros".

Sandra S. Leonard und Rüdiger Joswig. Foto: Kai Labrenz

Kommunikationstechniker

Seit Einführung der „Albatros II" (Staffel 8) gibt es an Bord einen Kommunikationstechniker. Polizeiobermeister Nils Krüger (Ralph Kretschmar) übernimmt in Folge 92 („Gegen jede Regel") diese Position. In der Folge 157 („Unter Schock") muss Nils Krüger mit seiner Dienstwaffe einen tödlichen Schuss absetzen. Der Tote, Arne Lörtzing, ein bereits vorbestrafter Dieb und der Polizei bekannter Gewalttäter, kann sofort identifiziert werden. Allerdings verändert dieser Fall sein Leben – schließlich quittiert er seinen Dienst. Seine Nachfolge tritt in Episode 158 („Das Spiel beginnt") Polizeiobermeister Benjamin „Ben" Asmus (Max Florian Hoppe) an. Nils Krüger taucht aber nach seinem Abschied mehrfach als Nebendarsteller in einigen Folgen auf.

Einsatzleitung der Küstenwache

Erster Polizeihauptkommissar im Bundesgrenzschutz Kurt Weber (Bodo Wolf) ist in den ersten 17 Folgen als Einsatzleiter der Küstenwache am Standort Neustadt in Holstein aktiv. In Folge 17 („Verrat") arbeitet er jedoch aus einer Notlage heraus gegen sein Team und wird schließlich suspendiert. Es tritt an seine Stelle Polizeirat (vorher: Polizeihauptkommissar; später Erster Polizeihauptkommissar) Hermann Gruber (Michael Kind) als Leiter der Küstenwache an.

Das Team der Küstenwache unter der Führung des Kapitäns Holger Ehlers (Rüdiger Joswig, Mitte) der „Albatros II" und des Einsatzleiters Polizeirat Hermann Gruber (Michael Kind, dritter von rechts).

Patrick Gräser, Rüdiger Joswig und Elmar Gehlen.
Foto: Kai Labrenz

Das Küstenwache-ABC

Action – auch in der Polizeiserie „Küstenwache" gibt es dramatische Situationen. Ob stürmische Schiffsfahrten, eine wilde Autofahrt an Land oder spektakuläre Einsätze in der Ostsee. In der Serie tauchen Streifenwagen, Polizeiboote und Hubschrauber auf, damit ist Spannung garantiert.

Arc – Der Begriff Arc beschreibt im Zusammenhang mit TV-Serien den Handlungsbogen. In der Serie „Küstenwache" gab es in den 299 Folgen grundsätzlich gleich bleibende Charaktere. Man spricht bei der Serie „Küstenwache" von einer Arc-Serie, auch wenn Figuren durch Neubesetzungen verändert wurden.

Beginn – Am 7. Mai 1996 fiel in Neustadt in Holstein die erste Filmklappe. Früh morgens begann der erste Drehtag. Dass dies der Beginn einer langjährigen Erfolgsserie sein wird, war damals wohl niemandem bewusst. Ausgestrahlt wurde die erste Folge am 19. April 1997 im ZDF.

In Neustadt (Holstein) fiel am 7. Mai 1996 die erste Filmklappe für die „Küstenwache".

Crew – sie besteht aus vielen Mitgliedern: Schauspieler, Maskenbildner, Kameramann, Beleuchter, Fahrer für die Darsteller, Set-Aufnahmeleiter, Tontechniker, Regie-Assistent und Requisiteur. Nicht zu vergessen der oder die Regisseurin, sowie Produktionsleiter und viele Menschen, die Straßen absperren (Blocker) oder für sonstige Angelegenheiten abgestellt werden. In der Regel bestand die Küstenwache-Crew aus etwa 20 Mitarbeitern, die direkt am Set zu finden waren. Hinzu kamen noch weitere Personen im administrativen Bereich. Einige Mitglieder des Filmstabs waren schon seit vielen Jahren, zum Teil sogar von Anfang an dabei. Es war schon ein bisschen wie in einer Familie.

Drehbücher – wurden unter anderem von Andreas Hug, Martin Muser, Silke Holtheide, Eckhard Wolff, Hanno Raichle, Ralf Kinder, Jan von der Bank, Wolfgang Büld, Jörg Tensing, David Bredel, Petra Lüschow, Felix Hass, Timo Sander, Harald Vock, Joachim Becker, Ursula Kohlert, Jan van der Bank, Sandra Beck, Ralf Cordes, Karolina Dombrowski, Jens Köster, Stefan Maetz, Andrea Osterhorn, Jan de Botzelaer, Marek Helsner, Julia Neumann, Ruth Rehmet, Remy Eyssen, Jörg Fröhlich, Christin Kelling, Sabine Leipert, Thomas Nippold, Eckardt Wolff, Aurel Bantzer, Andreas Dirr, Johannes Dräxler, Raimund Maessen, Jens Schäfer, Christoph Callenberg, Angela Strunck, Andreas Föhr, Christine Hartmann, Uschi Hofmann, Stefan Kornatz, Tim Krause, Thomas Letocha, Winfried Oelsner, Thomas Pannek, Sabine Pochhammer, Niko Remy, Freya Stewart, Christof Teubel, Martin Wilke und Marc Willens geschrieben. Es kam schon mal vor, dass sie noch während der Dreharbeiten umgeschrieben werden mussten.

Directors Cut – Eine Folge, wie sie schlussendlich im Fernsehen zu sehen war, entsprach nicht immer den Vorstellungen des Regisseurs. So betraf es unter anderem die Anzahl der verwendeten Szenen oder die so genannten E-Shots. Dies sind bei

Filmen oder Serien Einstellungen, die als zeitlose Zwischen-einblendungen verwendet werden. Bei der „Küstenwache" waren es zum Beispiel Außenansichten der „Albatros" oder „Albatros II", ein Hafenabschnitt von Neustadt oder auch einfach die Ostsee. Das Foto zeigt einen Getreidesilo in Neustadt.

Drehort – war in erster Linie Neustadt in Holstein, direkt an der Ostsee gelegen. Die Filmcrew drehte auf dem Standort der Bundespolizei See in der Wieksbergstraße 54, als auch im gesamten Stadtgebiet.

Es kam auch vor, dass im benachbarten Lübeck, Eutin, Grömitz oder in Eckernförde gedreht wurde.

DVD – Alle Folgen der insgesamt 17 produzierten Staffeln gibt es auf DVD. Auch ein Buch mit dem Titel „Küstenwache – Das Kochbuch: Zwischen Kamera und Küche" ist erschienen.

Schon aus weiter Ferne zu erkennen: die Getreidesilus in Neustadt.

Erfolg – Die „Küstenwache" ist eine der erfolgreichsten Arztserien im deutschen Fernsehen. Die norddeutsche Lebensart und der trockene, verschmitzte Humor zählen ebenso wie die schleswig-holsteinische Landschaft mit ihren lieblichherben Charme zu den gewünschten Zutaten der Serie. Gute Schauspieler und gute Drehbücher ergänzen den Erfolg. Zahlreiche Touristen kommen Jahr für Jahr an die Lübecker Bucht, um sich die Gegend anzuschauen und auf die Spuren der „Küstenwache" zu begehen.

Folge – Auch bei der „Küstenwache" gibt es eine klare Struktur: die Serie ist die gesamte Produktion von der ersten bis zur letzten Filmminute. Dabei unterteilt sich die Serie in 17 Staffeln, die pro Produktionsjahr erstellt und ausgestrahlt wurden.

Jede einzelne Staffel ist eine Zusammenstellung der jeweiligen

Folgen. Bei der „Küstenwache" wurde eine unregel-mäßige Anzahl an Folgen produziert: So wurden in der neunten Staffel neun Episo-den, in der zwöflten Staffel 27

Fototermin anlässlich der 250. Folge der „Küstenwache" mit den Hauptdarstellern, sowie Sophia Thomalla und Wayne Carpendale.

Folgen produziert. Mathematisch entstanden im Durchschnitt 17,5 Folgen pro Staffel.

Fans – sobald irgendwo eine Kamera aufgestellt wurde oder die Beleuchter ihr Licht ausrichteten, dauerte es nicht lange bis die ersten Fans kamen, um die Dreharbeiten live mit zu erleben und vor Ort bei der „Küctenwache" dabei zu sein.

Flugplatz – wenn in einer Folge Hubschrauber zu sehen sind, wurden die Aufnahmen meistens auf dem Hubschrauberlandeplatz der Bundespolizei See auf dem Gelände in Neustadt gedreht.

Filmklappe – vor jeder Einstellung wurde sie von einem Assistenten „geschlagen". Auf der Filmklappe befinden sich generell Angaben wie Ort, Datum, Szene und die Anzahl an Wiederholungen einer Szene. Zudem ist der Name des Regisseurs und des Kameramanns zu lesen.

Filmset – Das Filmset bezeichnet in der Regel die Gesamtheit der an einem Drehort agierenden Personen, der technischen Ausrüstung und aller Dinge (Fuhrpark, Requisiten, etc.), die zum Drehen eines Films notwendig sind.

Gastrollen – auch wenn es nur ein kleiner Auftritt war, viele Schauspieler besuchten die „Küstenwache" wie beispielsweise Helmut Zierl, Götz Schubert, Andreas Hoppe, Jens Münchow, Walter Kreye, Horst Janson oder Volker Lechtenbrink. Aber auch Rhea Harder-Vennewald, Ulrich Gebauer, Edgar Bessen und viele mehr waren schon in der „Küstenwache" zu Gast.

Geräuschkulisse – Sie umschreibt die Summe aller Geräusche,

die in der Serie eingesetzt wurden oder die in der ersten Version der Nachproduktion (Post-Produktion) zu hören war. Wind, die Ostsee, Dialoge der Darsteller oder Vögel waren es zumeist.

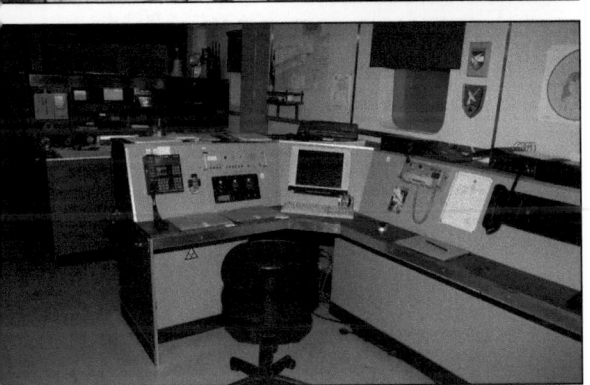

Wayne Carpendale und Sophia Thomalla am Set der „Küstenwache" am Hafen von Neustadt.

Hafen – was die Zuschauer nicht unbedingt wissen: Neustadt hat nicht nur einen Hafen (siehe Kapitel Drehorte). Je nach Drehbuchvorlage wurden auch der Travemünder Fischereihafen oder der Hafen von Eckernförde ins rechte Licht gerückt. Aber letztendlich spielt sich alles an der Ostseeküste ab.

IMDB – eine der größten Filmdatenbanken im Internet mit Infos zu Schauspieler, Filme und Biografien.

Jubiläum – Mit dem Folgentitel „Auge um Auge" strahlte das ZDF am Mittwoch, dem 21. März 2012 um 19.25 Uhr, die 250. Folge der maritimen Serie „Küstenwache" aus. Das Jubiläum hielt für die Zuschauer Überraschungen bereit: Ein „Super Puma"-Helikopter eilt der Küstenwache-Crew auf hoher See zu Hilfe. Am Steuer sitzt Wayne Carpendale alias Pilot Thomas Straatmann. Außerdem spielt Sophia Thomalla eine Doppelrolle – Zwillingsschwestern, von denen nicht klar ist, auf welcher Seite des Gesetzes sie stehen.

Komparse – immer wenn in Neustadt und Umgebung neue Episoden für die „Küstenwache" aufgenommen wurden, suchte das Produktionsteam einige Statisten. Es waren kleine, stille Rollen im Hintergrund, wie beispielsweise den Schauspielern beim Spaziergang entgegenzulaufen. Auch wenn im Vordergrund ermittelt wurde, standen oft Personen am Hafen oder Strand im Hintergrund und spielten Passanten.

Kostüme – Es gab am Set der „Küstenwache" Kostümassistentinnen, die für die Kleidung aller Protagonisten vor der Kamera verantwortlich waren. Sie waren dem Kostümbildner unterstellt, der wiederum in Absprache mit dem Regisseur bestimmte, welche Kostüme getragen wurden. So mussten beispielsweise die Polizeiuniformen organisiert werden. Die Kostümassistentinnen waren auch für die sorgfältige Verwaltung des Kostümfundus mitverantwortlich.

Licht – bei Filmaufnahmen spielt das Licht eine erhebliche Rolle. Auch wenn die Sonne scheint, werden zusätzliche

Scheinwerfer aufgebaut. Was für den Laien meist zu Unverständnis führt, sind Scheinwerfer elementar. Wo viel Licht durch Sonneneinstrahlung vorhanden ist, fällt auch viel Schatten. Um genau diesen Schatten im Gesicht des Darstellers wegzubekommen, wird mit Gegenlicht gearbeitet.

Location – Mit diesem Begriff ist der Drehort gemeint, der für bestimmte Szenen verwendet wird. Zuständig für die Auswahl der Locations ist ein Location-Scout, der sich auf Basis des Drehbuches überlegen muss, wo die Produktion welche Szenen drehen kann. Dabei spielen Parkplatzsituation, Verfügbarkeit oder beispielsweise die Größe der Fläche / des Raumes eine große Rolle. Auch das Budget entscheidet tatkräftig mit, wo das Filmteam Außendrehs durchführt oder ob stattdessen im Studio gedreht wird. In den meisten Fällen wurde die „Küstenwache" an Originalschauplätzen und nicht in einem Studio gedreht. Ausnahme waren die Innenaufnahmen der „Albatros"

Dreharbeiten am Hafen von Neustadt.

oder „Albatros II".
Maskenbildner – sind bei Filmaufnahmen unabdingbar. Damit die Schauspieler im Fernsehen so rüber kommen, wie sie in Wirklichkeit sind, müssen sie geschminkt werden. Ansonsten würden sie auf dem Bildschirm glänzen und eine „falsche Hautfarbe" haben.

Musik – die Titelmelodie für die Serie „Küstenwache" stammt aus der Feder von Gast Waltzing. Auch der Kölner Komponist Carsten Rocker war an der Musik in der Serie maßgeblich beteiligt. Unter anderem vertonte er in mehreren Folgen die Szenen auf der „Albatros" (mehr auf Seite 48).

Nebendarsteller – der wohl berühmteste Besucher der „Küstenwache" war wohl Hollywood-Muskelmann Ralf Moeller. Der deutsche Kinostar mit Wohnsitz in Los Angeles spielt einen Ex-Rüstungslobbyisten, der das modernste U-Boot der Welt bei einer Testfahrt der Marine in seine Gewalt bringt und Kurs auf Kiel nimmt. Er wird von der Crew der „Küstenwache" gestoppt.

On-Set-Dekorateur – Bei der Produktion einer TV-Serie gibt es Produktionsdesigner, Bühnenausstatter, Set-Designer und andere Mitglieder eines Teams, die die Bühnenbilder im Vorwege planen und gestalten. Am Set selbst ist der On-Set-Dekorateur, der situativ schnell handeln kann, wenn die Dekoration geändert werden soll. Große Veränderungen sind eher selten, denn der Regisseur spricht sich im Vorfeld mit dem Produktionsdesigner ab.

Originale – die Folgen der „Küstenwache" wurden nicht in klassischen Fernsehstudios aufgenommen. Alle Örtlichkeiten waren Originale und wurden fernsehgerecht ausgeleuchtet. Das Team drehte ausschließlich vor Ort in der Region der Lübecker Bucht. Aus Platzmangel wurde lediglich die Innenausstattung des Küstenwach-Schiffs in einer gemieteten Bootshalle nachgebaut. Auch die Aufnahmen in der Einsatzzentrale wurden in der Bootshalle in Neustadt gedreht.

Produktion – Produziert wurde die Serie „Küstenwache" von der Opal Filmproduktion. Gegründet wurde die Firma im Jahre 1985 als Topas-Filmproduktion. Seit 1989 firmiert sie als Opal Filmproduktion, niedergelassen ist sie in Kleinmachnow bei Berlin. Während der Dreharbeiten hatte die Filmproduktion eine Außenstelle in der Straße Am Holm 68 in 23730 Neustadt in Holstein.

Quote – die Quote ist für eine Fernsehsendung oder -serie ganz elementar. Ausgesuchte Zuschauer geben Auskunft über ihr Fernsehverhalten. Wie lange haben sie welche Sendung oder Serie geschaut – daraus ermittelt sich im Wesentlichen die Quote. Die Serie „Küstenwache" sahen etwa vier Millionen Zuschauer – pro Folge.

Aline Hochscheid.

Michael Kind und Rüdiger Joswig.

Die Hauptdarsteller der „Küstenwache" mit dem Schild, auf dem der Schiffsname „Albatros II" zu lesen ist, im Jahr 2005 in Neustadt.

Regie – In den Produktionsjahren 1996 bis 2013 (Ausstrahlung 1997 bis 2016) führten unter anderem Tobias Stille, Zbynek Cerven, Dagmar von Chappuis, Raoul W. Heimrich, Carl Lang, Florian Froschmayer, Ed Ehrenberg, Elmar Gehlen, Raoul Heimrich, Frauke Thielecke, Daniel Drechsel-Grau, Marcus Ulbricht, Dirk Regel, Nicolai Albrecht, Karsten Wichniarz, Marco Serafini, Michel Bielawa, Olaf Götz, Lulu Binder, Arend Aghte, Jan Bauer und Stefan Klisch Regie.

Szenenbild – Unter dem Begriff Szenenbild ist die Gesamtgestaltung der zu drehenden Szene gemeint. Ein Szenograf respektive Produktionsdesigner fertig im Vorwege der Dreharbeiten eine Skizze des ge-

Blick in die Einsatzzentrale der „Küstenwache".

samten Aufbaus an, nach der die Handwerker und Requisiteure ihn anfertigen können. Wenn zum Beispiel eine Szene gedreht wird, in der ein Schauspieler eine Zeitung liest, wird dafür gesorgt, dass eine extra gefertigte Zeitung bereit liegt.

Titelrolle – Die Titelrolle ist eine Hauptrolle in einem Spielfilm oder einer TV-Serie, die sich gleichzeitig verantwortlich dafür zeichnet, dass der Film oder die Serie den gleichen Namen trägt. Bei „Der Landarzt" ist der Landarzt die Titelrolle.

Trailer – Die Fernsehanstalt weckt mit so genannten Trailern (umfasst einige Szenen einer Folge und gibt damit einen ersten Einblick) im Vorwege Interesse auf einzelne Folgen eines Films oder einer Serie.

Tüll – Um das Licht weicher zu machen, werden Tüllstücke vor die Lichtquelle (die Scheinwerfer) gehängt. Neben Pergament, Fallschirmseide oder transparenten Kunststoffen ist Tüll eine sehr einfache und preisgünstige Möglichkeit, das Licht zu verändern.

Titelrolle – die Titelrolle ist eine Hauptrolle in einem Spielfilm oder einer TV-Serie, die gleichzeitig verantwortlich dafür zeichnet, dass der Film oder die Serie den gleichen Namen trägt. Bei der „Küstenwache" sind die Mitarbeiter der Küstenwache die Titelrolle...

Trailer – Die Fernsehanstalt weckt mit so genannten Trailern (umfasst einige Szenen einer Folge und gibt damit einen ersten Einblick) im Vorwege Interesse auf einzelne Folgen der „Küstenwache".

Foto oben: Blick in die Einsatzzentrale der „Küstenwache". Links: Elmar Gehlen als Polizeioberkommissar Wolfgang Unterbaur. Rechts steht Andreas Arnstedt als Polizist Kai Norge.

Trauer – gab es, als Polizeikommissarin Alexandra „Alex" Johannson (Bootsfrau) in der Folge 163 ums Leben kam. Ebenfalls trauerte die Schiffs-Crew der „Albatros" beziehungsweise „Albatros II" um Polizeioberkommissarin Britta Larsen (Wachoffizierin), die in Folge 28 auf Grund eines Nervenversagens (sie schafft es nicht während eines Überfalls zu schießen) stirbt.

Tantiemen – Gebräuchlich vor allem im Musikbereich. Ein Besitzer von Urheberrechten an einem Stück nimmt Tantiemen für alle Nutzungen, die sich für das Stück ergeben, ein. Im Filmbereich ist es ähnlich. Wird ein Film (oder eine Serie) mehrfach wiederholt, bekommen die Protagonisten Tantiemen. Soweit die Theorie: denn in der Praxis verkaufen die meisten die Schauspieler ihre Verwertungsrechte in sogenannten Buy-out-Verträgen gegen Zahlung einer Gage an die Produzenten oder Fernsehsender. Schauspieler, Regisseure und Drehbuchautoren fühlen sich durch diese Praxis entmündigt, auch weil sie so von späteren Erlösen ausgeschlossen sind.

Unfall – auf der Ostsee kam es immer wieder zu Unfällen mit zum Teil leichtsinnigen Menschen.

Verkauft – Die erfolgreiche Serie wurde unter anderem in Kroatien, Serbien, Slowakei, Slowenien, Tschechien, Russland, Italien, Lettland und Ungarn gezeigt. Die ersten 36 Folgen wurden nach Frankreich sowie in französischsprachige Gebiete weltweit verkauft.

Ralph Kretschmar und Aline Hochscheid bei Dreharbeiten in Neustadt.

Vorsprechen – Es gehört zum Prozess bei der Auswahl von Schauspielern, die in einer Serie beziehungsweise eines Films besetzt werden sollen. Auch Komparsen werden zum Vorsprechen geladen, wenn eine Sprechrolle bevorsteht. Beim Vorsprechen geht es darum herauszufinden, wie ein Protagonist einen Text möglichst fehlerfrei und mit Gestik vor laufender Kamera vorträgt. Das Vorsprechen wird als Teil des Castings auch Audition genannt. Bevor eine Rolle vergeben wird, kann es zu mehreren Vorsprechen kommen.

Wandern – auf den Spuren der „Küstenwache" – einheimische Busunternehmen boten unter diesem Motto Tagesausflüge in die Region Neustadt an.

Werbung – auch die öffentlich rechtlichen Sendeanstalten müssen im Konkurrenzkampf mit den Privaten überleben. Glücklichweise gibt es im ZDF im Vorabendprogramm nur eine Werbeunterbrechung während der einzelnen Folgen. In einigen Wiederholungen entfällt die Werbung gänzlich.

Zweier – Wenn zwei Akteure in einer Szene zu sehen sind, wird von einem „Zweier" gesprochen. Entsprechend wird von einem „Dreier", „Vierer" und so weiter gesprochen, wenn dementsprechend viele Protagonisten zu sehen sind.

Zuschauer – Wie im echten Leben gibt es im Hintergrund Zuschauer, wenn sich beispielsweise Personen schlagen oder es zu einer Festnahme kommt. Bei dieser Art Zuschauer handelt es sich um Komparsen.

Von Anfang an bei der „Küstenwache":
Elmar Gehlen als Wolfgang Unterbaur

Zur Person: Elmar Gehlen, geboren in Köln, absolvierte die Sprach- und Schauspielschule Schneider und nahm privaten Schauspielunterricht bei Hans-Dieter Zeitler. Zuvor machte er eine Ausbildung als Dekorateur und Grafiker sowie als Bühnenbildassistent. 1969 holte Rolf Liebermann Elmar Gehlen als Choreograph und Pantomime an die Hamburgische Staatsoper. Elmar Gehlen ist Schauspieler, Regisseur und Maler. Gehlen wohnt in Neustadt in Holstein und hat dort ein eigenes Atelier, in dem er in seiner Freizeit Bilder malt.

Seit 1996 stehen Sie als Wolfgang Unterbaur in der „Küstenwache" vor der Kamera. Beschreiben Sie Ihre Rolle.

Wolfgang Unterbaur ist Maschinist – „die Seele der Maschine". Er darf alles, was andere Besatzungsmitglieder sonst nicht dürfen. Auf dem Schiff darf er sogar rauchen, obwohl ich in Wirklichkeit Nichtraucher bin.

Wie viel von Ihrer eigenen Persönlichkeit steckt in Wolfgang Unterbaur?

Es ist ganz wichtig, dass immer etwas von der eigenen Persönlichkeit in der Rolle steckt. Unterbauer hängt sehr an seinem Boot und kann auch schon mal ausrasten!

Ich kann privat auch ausrasten – und zwar immer dann, wenn ich merke, dass mich Leute ausnutzen und über einen bestimmten Punkt hinausgehen. Das kommt aber nicht sehr oft vor, dass ich ausraste. Aber wenn, dann raste ich richtig aus.

Sie sind in Köln geboren, leben aber im Norden der Republik. Fühlen Sie sich hier wohl?

Köln ist meine Heimat. Es gibt Menschen, die Köln als schmutzig und dreckig empfinden. Das mag sein, aber Köln

ist lebendig. Ich liebe Köln. Ebenso liebe ich aber auch Neustadt. Hier habe ich mir mein Atelier aufgebaut und fertige Kunstwerke / Bilder. Ich fahre gern mit meinem Segelboot in der Neustädter Bucht umher. Außerdem mag ich die schöne Region.

Sie sind Schauspieler, Regisseur, Maler – welchen dieser Berufe lieben Sie am meisten?

Ich finde es hinter der Kamera ganz schön, agiere aber auch gern als Schauspieler. Ich mag die Vielfalt und lege mich nicht gern fest. Ständig suche ich neue Sachen und verändere mich gern...

Sie standen im Juli 2006 erstmalig gemeinsam mit Ihrer Tochter für eine Folge der „Küstenwache" vor der Kamera. Beschreiben Sie das Gefühl.

Stimmt. Gemeinsam haben wir bislang noch nicht zusammen mitgespielt. Meine Tochter tauchte einmal in einer Folge als Rauschgiftsüchtige auf – ich führte in dieser Folge Regie. Es ist ein schönes Gefühl, mit ihr zusammen zu drehen. Sie ist eine talentierte und erfolgreiche Schauspielerin. Wir haben ein sehr gutes Verhältnis zueinander. In der Folge „Vaterliebe" spielt sie eine durchgehende Rolle als Mutter, deren Kind entführt wird – es macht Spaß mit ihr zu arbeiten.

Wie werden Sie „auf der Straße" angesprochen?

Mit Wolfgang. „Das ist der Wolfgang mit der Zigarre" – so sprechen mich die Menschen meist an.

Gibt es ein besonderes Erlebnis, das Sie mit Zuschauern in Ihrem privaten Umfeld erlebt haben?

Es passiert schon einmal, dass ich mitten im Kaufhaus meinen Text spreche. Dann kommen einige Leute auf mich zu und beginnen zu fragen, wo ich denn meine Zigarre hätte. So beginnen sie meist, um mit mir ins Gespräch zu kommen. Ganz witzig.

Was sehen Sie privat für Fernsehserien oder -filme?

Ich schau so gut wie kein Fernsehen. Im Atelier spiele ich lieber Saxophon und bekomme so den Kopf frei. Oder ich male Bilder. Vielleicht sehe ich ab elf Uhr abends die einen oder anderen Nachrichten. Manches Mal ruft meine Tochter an und sagt: „Papa, ich bin gleich wieder im Fernsehen!". Dann versuch ich es zu sehen.

Was hören Sie für Musik?

Am liebsten eigene Stücke. Vor einiger Zeit habe ich mal Klänge mit meinem Saxophon aufgenommen – von diesen Tonklängen lasse ich mich immer wieder neu inspirieren.

Wie schalten Sie nach einem anstrengenden Drehtag ab?

Ich fahre mit meinem Segelboot auf der Neustädter Bucht rauf und runter. Außerdem gehe ich nach dem Dreh Essen – Zuhause und dann gut! Das ist meine Entspannung.

Durchschnittlich über vier Millionen Zuschauer sehen jede Folge der „Küstenwache" – was glauben Sie, macht den Erfolg dieser Serie aus?

Es ist die einzige Serie mit Seefahrt, Wasser und einer tollen Landschaft. Ich glaube, es ist der Wunsch eines jeden, von offener See und Freiheit zu träumen. Bei der „Küstenwache" kann man es. Wir zeigen im Fernsehen die schöne Landschaft, das offene Meer. Wir sind keine Polizisten, die einfach nur in einer Wache sitzen. Auf verschiedenen Veranstaltungen sprechen mich die Menschen an und bestätigen dies. Es ist eine richtig tolle Serie mit schöner Kulisse und spannenden Fällen.

Vielen Dank, Herr Gehlen, für diese nette Interview.

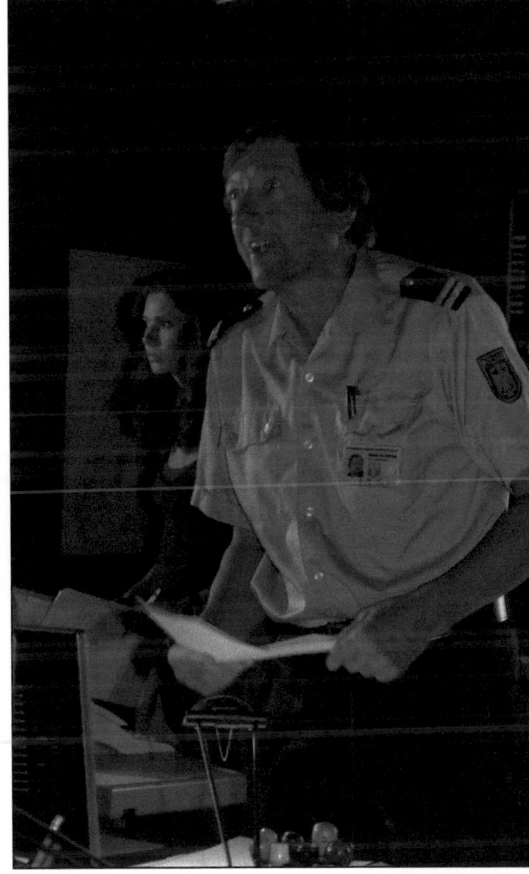

Hinter den Kulissen

Produktion: Opal-Filmproduktion für das Zweite Deutsche Fernsehen (ZDF). Produzenten: Ursula Pfriem, Kerstin Lipownik, Friedhelm Alexander, Nils Burtzlaff, Michael Alexander, Alexander von Hohenthal, Jan Zillmann, Nicole Badberg, Sabine Groß, Michaela von Unger, Sophie Venga Fitz, Jan-Richard Schuster, Kristina Kojundzija, Tatjana Stankovic, Michael von Galen

Musik: Gast Waltzing, Carsten Rocker, Jens Hafemann, Johannes Eichenauer, Anselm Kreuzer, Karl Michael Witzel, Michael Witzel, Anselm C. Kreuzer

Kamera: Andreas Heine, Christian Klopp, Stefan Motzek, Stephan Motzek, Randolf Scherraus, Daniel Bussmann, Stefan Baur, Roman Nowocien, Bernd Neubauer, Ulrich Meier, Frank Peter Rohe

Schnitt: Jan-Timo Sonnemann, Aljo Fazlagic, Christian Sporrer, Ulrich Aschenbrenner, William James, Barbara Hiltmann, Thomas Zachmeier, Lars Späth, Susann Wetterich

Szenenbild: Marc Boucherie, Lutz Rüweler

Kameramann Andreas Heine bei der Arbeit.

Maske: Nadine Tschöpe, Sylvia Höpfner, Carola Wetzel, Peggy Epperlein, Susanne Genevriere, Annette Pramor
Regieassistenz: Matthias Hedwig, Evelina Bojkova-Honig, Kerstin Köhn, Christian P. Doetsch, Kelly Maracin Krieg, Laura Ritter, Oliver Liliensiek, Nico Zavelberg, Anette Gosewinkel, Michael Kaleve, Jürgen Otto Löffler, Jörn Hartung, Christine Schneider, Florian Schott, Antje Wellingerhof, Johanna Pfaff, Matthias Zirzow
Ton: Siegfried Busza, Andreas Jordan-Drost, Oliver Barth, Martin Funk, Lutz Schönherr, Robin Pohle, Daniel Gilde

Darsteller Michael Kind. Daneben ein Kameramann bei der Arbeit. Rechts: Eine Kajüte auf der „Albatros II".

Auf der Kommandobrücke der „Albatros II": Die Hauptdarsteller mit dem Regisseur (links) und einem weiteren Verantwortlichen der Serie.

Dreharbeiten für Folge „Vaterliebe"

Es war eine seltene Begegnung in der Folge „Vaterliebe": Schauspieler Elmar Gehlen und Tochter Johanna Christine

Gehlen standen zum ersten Mal am 4. Juli 2006 gemeinsam vor der Kamera. „Wir haben ein sehr gutes Verhältnis zueinander. Sie ist eine talentierte und erfolgreiche Schauspielerin", lobte Elmar Gehlen seine Tochter am Set in Neustadt.

Zum Inhalt: Jana Deisenroth plant einen privaten Segelausflug zusammen mit ihrer Tochter Rebecca und deren Freundin Tamara. Als Tamaras Mutter, die Richterin Susanne Schildhorn, ihre Tochter zum vereinbarten Treffpunkt fährt, wird die Stimmung durch einen unschönen Vorfall getrübt: Susanne ertappt ihren Ex-Mann und Tamaras Vater Mark Raschke dabei, wie er ihnen nachstellt. Das Mädchen muss mal wieder eines der ständigen Wortgefechte miterleben, wie sie die Eltern seit dem heftigen Sorgerechtsstreit immer wieder austragen. Marc be-

hauptet, nur in der Nähe seiner Tochter sein zu wollen, da er sie aufgrund des letzten Gerichtsbeschlusses so selten sehen darf. Die erbitterte Susanne aber lässt ihn einfach stehen und liefert Tamara bei Janas Yacht ab. Doch der idyllische Ausflug entwickelt sich schnell zum Albtraum.

Während Jana unter Deck und die Mädchen an Deck sind, nähert sich mit hoher Geschwindigkeit ein Boot und dockt unsanft an. Nun geht alles blitzschnell. Jana wird unter Deck eingeschlossen, Rebecca betäubt und Tamara entführt.

In dieser Folge wirken mit: Rüdiger Joswig, Stefanie Schmid, Aline Hochscheid, Elmar Gehlen, Michael Kind, Andreas Arnstedt, Ralph Kretschmar, Johanna Christine Gehlen, Pasquale Aleardi, Mathilde Bundschuh und Christian Bruhn.

Johanna Christine Gehlen stand im Juli 2006 gemeinsam mit ihrem Vater Elmar Gehlen vor der Kamera. Gedreht wurde unter anderem im Studio 2.

„Nach dem Dreh treffe ich mich am liebsten mit meinen Kollegen"

Zur Person: Johanna Christine Gehlen, Tochter des Regisseurs und Schauspielers Elmar Gehlen, wurde 1970 in Hamburg geboren. Nach ihrem Abitur studierte sie von 1989 bis 1993 in Hannover an der Hochschule für Musik und Theater und schloss ihr Studium mit Auszeichnung ab. Sie wirkte in zahlreichen Serien mit: „Der Fahnder", „Großstadtrevier", etc. Bekannt wurde die Schauspielerin durch die Comedy-Serie „Max und Lisa" (2000), in der sie neben Marco Rima die weibliche Titelrolle übernommen hatte. Zuletzt stand sie u.a. für „Die Liebenden vom Alexanderplatz", „Scheidung mit Hindernissen" sowie für „Der Unbestechliche", „Wie verliebt man seinen Vater?", die Rosamunde Pilcher-Verfilmung „Sternschnuppen im August" und „Mein Weg zu Dir" vor der Kamera. Johanna Christine Gehlen lebt in Hamburg.

Sie standen im Juli 2006 erstmalig mit Ihrem Vater für eine Folge der „Küstenwache" gemeinsam vor der Kamera. Wie ist es, wenn man seinen Vater an der Seite hat?
Es ist wunderbar. Wir beide verstehen uns wahnsinnig gut und sind sehr gute Freunde. Wenn die Kamera läuft, betrachte ich meinen Vater als ganz normalen Kollegen. Es ist eine Sache des Umdenkens – und das funktioniert ganz gut!

Wie schalten Sie nach einem anstregenden Drehtag ab?
Ich nehme mir am liebsten ein Bad. Wenn möglich, treffe ich mich außerdem nach dem Dreh mit meinen Kollegen. Das tut ganz gut, denn sie sind in die Rolle involviert und haben Erfahrungen.

Was sehen Sie privat am liebsten an Fernsehserien oder -filmen?

Ich schaue generell wenig im Fernsehen. Wenn ich Zeit dazu habe, dann schaue ich mir gerne Krimis wie „Tatort" oder „Polizeiruf 110" an – Fernsehfilme, die in sich abgeschlossen sind! Ich liebe zudem pchychologische Krimis, bei denen man mitdenken muss.

Wie werden Sie von den Menschen „auf der Straße" angesprochen?

Das ist meist die Rolle, in der ich zuletzt gesehen wurde. Selten werde ich mit Frau Gehlen angesprochen. Meistens sind es echt die Rollen.

Johanna Christine Gehlen spielt in der Folge „Vaterliebe" eine Episodenhauptrolle unter der Regie von Nicolai Albrecht.

„Mit Schwimmen lenke ich mich vom Stress ab"

Zur Person: Ralph Kretschmar wurde 1980 in Berlin geboren und wuchs im Bezirk Prenzlauer Berg auf. Im November 2000 begann er seine Schauspielausbildung an der Berliner Schauspielschule „Der Kreis" (Fritz-Kirchhoff-Schule) mit dem Schwerpunkt Theater. 2003 schloss er die Schauspielausbildung ab und stand seitdem in Serien wie „Traumschiff", „Ein Fall für Zwei", „SoKo Köln", „SoKo 5113" oder beispielsweise „Letzte Spur Berlin" vor der Kamera. Einem europaweiten Fernsehpublikum bekannt wurde Ralph Kretschmar allerdings durch seine Rolle als Computertechniker und Polizeiobermeister Nils Krüger in der „Küstenwache".

Du bist als Kommunikationstechniker an Bord der „Albatros II". Beschreib doch bitte mal Deine Rolle.
Nils Krüger hat eine große Leidenschaft: seinen Computer. Er ist ein Computer-Freak mit Leib und Seele. Stets ist er dabei, in kürzester Zeit an Informationen zu kommen, für die man sonst mehrere Tage brauchen würde.

Bist Du privat auch so ein Computer-Freak?
Ich kann einen Computer hochfahren und im Internet surfen und E-Mails abrufen – klar. Aber dass ich nun ein so großer Computerfreak bin, kann ich nicht sagen (lacht).

Wie schaltest Du nach einem anstrengenden Drehtag ab?
In meiner Freizeit höre ich Musik oder jogge auch mal die eine oder andere Runde bei mir um die Ecke. Dabei werden meine

Gedanken frei und ich kann richtig gut abschalten. Außerdem schwimme ich gerne – mit Schwimmen lenke ich mich vom Stress ab. Auch Basketball gehört dazu. Nach Drehschluss geht es für mich erst einmal auf's Zimmer und dann leg ich mich hin.

Mit welchem Schauspieler möchtest Du einmal zusammen vor der Kamera stehen?

Mit Will Smith! Das wäre das absolute Highlight in meinem Leben. Ich finde einfach genial. Ich würde aber auch nicht Nein zu Johnny Depp sagen. Beide Schauspieler mag ich sehr.

Gibt es bestimmte eine Rolle, die Du gerne mal im Fernsehen spielen würdest?

Gerne würde ich mich mal als Bösewicht in einer Serie oder einem Film sehen. Das wäre mal eine Herausforderung für mich. Was aber auch toll wäre: Retter der Menschheit in „Independence Day Teil II".

Neben der Schauspielerei machst Du auch Musik. War das schon immer ein Wunsch von Dir?

Bereits in der Schule merkte ich, dass ich kreativ sein möchte. Die Berufe Schauspieler und Musiker sind für mich einfach perfekt – und ergänzen sich wunderbar.

Wie charakterisierst Du dich selbst?
Grundsätzlich bin ich ein ehrgeiziger Mensch. Wenn ich mir ein Ziel gesetzt habe, versuche es auch zu erreichen. Außerdem bin ich selbstbewusst und kreativ.
Was für Serien oder Filme schaust Du Dir privat gerne an?
Ich liebe die Simpsons. Wann immer es geht, schaue ich mir die Serie an und lass mich dann auch von niemandem stören.
Wie sieht Deine Zukunft aus? Sind Projekte geplant?
Für die nächsten Wochen stehen Dreharbeiten hier in Neustadt an. Dann versuche ich ein eigenes Album zu herauszubringen und bin natürlich immer offen für weitere Filmprojekte.
Danke Ralph, für das wirklich nette Gespräch und viel Spaß heute noch hier am Set.

Darsteller Ralph Kretschmar als Polizeiobermeister Nils Krüger in der Einsatzzentrale.

Die Besetzung der „Küstenwache" im Überblick

Schauspieler	Rolle	Folgen
Lena Lessing	Rita Friesen	1–13, 20
Julia Bremermann	Frederike Hansen	1–14, 105
Rüdiger Joswig	Holger Ehlers	1–273
Bodo Wolf	Kurt Weber	1–17
Gregor Weber	Rolf Hohmann	1–23
Elmar Gehlen	Wolfgang Unterbaur	1–239, 273
Rainer Basedow	Kalle Schneidewind	1–198
Anke Kortemeier	Anke Diekmann	14–23
Christina Greb	Britta Larsen	14–28
Michael Kind	Hermann Gruber	17–299
Pascal Lalo	Paul Kramer	24–35
Miriam Smolka	Simone von Ahlbeck	24–35
Ursula Buschhorn	Heike Schenk	29–40
Andreas Arnstedt	Kai Norge	33, 35, 67–278
Katja Frenzel-Röhl	Julia Sandhoff	36–65
Jan Sosniok	Eric Lorenzen	36–49
Nele Woydt	Rike Claasen	39–61, 63, 72
Patrick Gräser	Janis „Jan" Kamp	48–89
Jasmin Gerat	Mona Jürgens	62–85
Sandra S. Leonhard	Lili Carlson	66–97, 198
Manou Lubowski	Thure Sander	77–299
Stefanie Schmid	Jana Deisenroth	86–127
Ralph Kretschmar	Nils Krüger	90–157, 220, 252, 265
Aline Hochscheid	Alex Johannson	98–163
Annekathrin Bach	Leonie Stern	164–232
Sabine Petzl	Saskia Berg	128–299
Max Florian Hoppe	Benjamin „Ben" Asmus	158–299
Andreas Dobberkau	Marten Feddersen	215–299
Lara-Isabelle Rentinck	Pia Cornelius	233–299

Die Übersicht auf Seite 57 gibt einen Anhaltspunkt darüber, in welchen Folgen die genannten Darsteller in der Serie mitwirkten. Das bedeutet allerdings nicht, dass sie auch in jeder Folge zu sehen sind.
Folgende Darsteller tauchen unregelmäßig auf:

Schauspieler	Rolle	Folgen
Gisela Hahn	Ingrid Ehlers	1–4
Eva Habermann	Animateurin Maike Gerber	1–6
Sebastian Reznicek	Erik Ehlers	1–7
Astrid M. Fünderich	Meeresbiologin Liv Osterhus	35–45,83
Saskia Valencia	Meeresbiologin Maja Lieven	98–179
Elga Schütz	KTU-Beamte Erika Schütz	99–115, 194
Gisa Zach	Journalistin Henrike Matani	189–273

Rüdiger Joswig als Kapitän Holger Ehlers und Saskia Valencia als Meeresbiologin Maja Lieven. Foto: Kai Labrenz

Die Crew der „Albatros II". Im Laufe der Zeit ging der eine oder andere von Bord. Einer blieb: Kapitän Holger Ehlers (Rüdiger Joswig, rechts) war bis Folge 273 in der „Küsten-wache" zu sehen. Fotos: Kai Labrenz

„Ich liebe Yoga und Joggen"

Sie ist eine sympathische, junge Schauspielerin und aus dem Deutschen Fernsehen nicht mehr weg zudenken. In Serien wie „Verbotene Liebe", „Berlin, Berlin", „Der Landarzt" oder beispielsweise „Herzschlag – Das Ärzteteam Nord" hat sie mitgewirkt und nicht zuletzt ist sie aus der Serie „Küstenwache" sehr bekannt und bei vielen Zuschauern sehr beliebt. Ihr strahlendes Lächeln und das natürliche Agieren vor der Kamera – sind das die Gründe für Ihren Erfolg? – Matthias Röhe traf Aline Hochscheid bei Dreharbeiten für neue Folgen der „Küstenwache" in Neustadt / Holstein im Sommer 2006. Bei Außentemperaturen um 30 Grad drehte sie an diesem Tag zusammen mit Rüdiger Joswig, Elmar Gehlen, Ralph Kretschmar und Stefanie Schmid in einer leerstehenden Bootshalle, die zu einem Studio umgebaut wurde, bei gefühlten 60 Grad.

Hallo Aline. Du musstest gerade eine Szene im Studio drehen. Wie war's für Dich?
Einfach nur heiß, sehr heiß. Es war kaum auszuhalten. Aber wir haben einen engen Drehplan – ob es regnet oder so warm ist wie heute, wir müssen drehen was das Zeug hält.

Seit 2005 bist Du im Team der Küstenwache. Wie wurdest Du von deinen Schauspielkollegen am ersten Drehtag aufgenommen?
Der erste Drehtag war echt cool, ich wurde herzlich aufgenommen. Total klasse. Während der Drehpausen haben wir alle zusammen viel Spaß miteinander und albern manches Mal herum.

Beschreib doch mal Deine Rolle. Wie ist Alex Johannson?
Selbstbewusst und zielstrebig. Und Alex kann schon mal sehr emotional reagieren.

Wie machst Du das mit dem Texte lernen?

Ich bin schon seit elf Jahren in der Fernsehbranche und habe damit keine Probleme. Nach Drehschluss gehe ich zum Beispiel oft mit Kollegen in ein Café und lerne dort meine Texte. Das funktioniert ganz gut.

Aber im Café findest Du doch bestimmt keine Ruhe, wie geht das?

Genau das ist das wahrscheinlich: im Café habe ich Trubel um mich herum. Dabei kann ich viel besser meine Texte lernen, als würde ich allein im Hotelzimmer hocken. Außerdem ist es schön, wenn sich das Team auch nach Drehschluss noch trifft und wir zusammen Texte lernen und Spaß haben.

Wie wirst Du auf der Straße angesprochen, wenn Dich die Menschen erkennen?

Kommt immer auf die Rolle an. Sehen mich die Leute als Polizistin auf der „Albatros", dann sprechen sie mich auch so an. Bin ich in anderen Rollen zu sehen, reden sie mich mit der anderen Rolle an – das ist echt witzig.

Wie ist die Reaktion bei Freunden, Bekannten oder in deiner Familie?

Meine Oma mag es nicht, wenn ich im Fernsehen entführt werde. Oder wenn sie sieht, wie ich geschlagen werde – das kann sie überhaupt nicht vertragen. Alle anderen Bekannten sehen es als meinen Beruf an und finden es gut.

Ralph Kretschmar und Aline Hochscheid bei Dreharbeiten.

Ihr dreht öfter auf einem echten Schiff auf hoher See. Da kommt es bestimmt zu manch einer brisanten Situation. Gibt es besondere Erlebnisse?

Vor ein paar Wochen drehten wir eine Szene in einem engen Raum, um mich herum waren große Gitter. Da hatte ich ziemlich große Angst. Bei einer weiteren Szene musste ich aus einem Schlauchboot heraus und dann die so genannte Jacobsleiter hinaufklettern. Das Problem: Wir mussten diese Szene mindestens zehn Mal drehen und vor allem herrschte ein ganz ordentlicher Seegang. Das war grauenvoll.

Was schaust Du privat an Fernsehserien oder –filmen an?
Ich sehe gern „Lost" und viele Filme in englischer Sprache an. Besonders mag ich englische Kurzfilme. Ach ja: und ich liebe Harald Schmidt. Er ist echt klasse. Und eines schau ich mir natürlich sehr gern an: „The Simpsons".

Warum glaubst Du, ist die Serie „Küstenwache" so erfolgreich?
Es ist die Mischung aus Krimi und Unterhaltung. Außerdem glaube ich, kommen die Schiffe und Boote in der Serie sehr gut zur Geltung – das kommt bei den Zuschauern offenbar gut an. Zudem ist es wohl die Mischung aus Darstellern, Handlung und natürlich die Umgebung der Serie.

Was ist Dein Lebensmotto?
Ganz einfach: Lebe deine Träume.

Du hast schon viele verschiedene Rollen gespielt. Gibt es noch eine, die Du unbedingt noch mal erleben möchtest?
Vielleicht bin ich eine schöne Frau, die von einem Verehrer geschnappt wird. Gemeinsam brennen wir dann durch. Ach, das wäre doch mal eine schöne Geschichte. Da würde ich gern mitspielen.

Aline, ich danke Dir fürs Interview.

Neustadt in Holstein diente von 1996 bis 2013 als Filmkulisse für die „Küstenwache".

Links: Schauspielerin Katja Frenzel-Rühl und Patrick Gräser bei Dreharbeiten vor einem U-Boot auf dem Bundeswehrstützpunkt in Eckernförde. Foto: Kai Labrenz

Aline Hochscheid spielte in den Folgen 98 bis 163 in der Serie Bootsfrau und Polizeikommissarin Alexandra „Alex" Johannson.

Fernsehserie weit weg von der Realität

Die Schiffscrew – allen voran Kapitän Holger Ehlers (Rüdiger Joswig) – ist mit ihrer „Albatros" oder „Albatros II" auf der Ostsee unterwegs und ermittelt in fast jeder Folge in verschiedenen Kriminalfällen: Mord, Totschlag, rasante Verfolgungsjagden, Schleuser. Aber wie sieht die Realität an Bord eines Polizeischiffs aus? In einem Interview der Zeitung „Die Welt" im Jahr 2013 erzählt Bundespolizist Michael Moll, dass die echte Schiffscrew aus 14 Beamten der Bundespolizei und des Zolls besteht und die Crew immer fünf Tage am Stück auf See schippert – anders wie im Fernsehen. Dort sitzen die Polizisten in der Einsatzzentrale und rücken dann in Hektik aus, sobald ein Notruf eingeht. In der Realität gibt es in Neustadt (Holstein) nicht mal ein Küstenwachtzentrum – das wurde Ende 2005 aufgelöst.

Auch an Bord gehe es anders zu als im Fernsehen. So gehe der Kapitän beispielsweise nicht von Bord, um zu ermitteln oder ein anderes Schiff zu kontrollieren.

Einzig die „zwischenmenschlichen Handlungen" kämen an Bord tatsächlich vor. So kenne Michael Moll die Ehe- und Familienprobleme fast aller seiner Kollegen. Das sei aber nichts Außergewöhnliches, erklärt er in dem Zeitungsinterview: „Wenn 14 Leute fünf Tage lang auf so engem Raum zusammen sind, bleibt das nicht aus."

An Bord eines echten Polizeischiffs ist auch immer ein Kollege dabei, der sich um das Essen kümmert: der Schiffskoch. Und wie in der Fernsehserie ist auch der echte Schiffskoch für die medizinische Notfallversorgung zuständig.

Bei Dreharbeiten für die Polizeiserie „Großstadtrevier" (wird seit 1986 in Hamburg produziert und in der ARD ausgestrahlt), stehen zum Teil echte Polizisten als Komparsen oder Kleindarsteller vor der Kamera und geben dann auch Tipps und Ratschläge fürs Fernsehteam. Beispielsweise wie mit einer Waffe richtig geschossen wird, wie eine professionelle Festnahme erfolgt oder beispielsweise wie Funksprüche richtig abgesetzt werden.

Auch die Filmcrew der „Küstenwache" wurde teilweise von echten Beamten unterstützt. So seien Bundespolizisten die Drehbücher im Vorwege durchgegangen und hätten Verbesserungsvorschläge gegeben. Auch die Rohschnittfassungen seien teilweise angeschaut worden; auf große Fehler wurde hingewiesen.

Auch wenn es von der Realität weit abweicht: in der Serie ging es dem Filmteam natürlich um möglichst viel Action und Schusswaffeneinsatz. Mord, Totschlag und spektakuläre Einsätze würden halt doch eher zu den Ausnahmen gehören. „Die einzigen Leichen, mit denen wir es zu tun haben, sind meist ertrunkene Segler und Angler, keine Opfer von Gewaltverbrechen", ergänzt Michael Moll in dem Zeitungsinterview.

„Es sind die Fälle, die bei den Zuschauern gut ankommen"

Rüdiger Joswig wurde 1949 geboren und absolvierte zunächst eine Schauspielausbildung an der Theaterhochschule Leipzig. Danach avancierte er zu einem gefragten Schauspieler in der DDR und nahm neben seinen Theaterengagements unter anderem am Staatstheater Cottbus auch zahlreiche Rollen in Produktionen der DEFA und des DFF wahr. Im Jahr 1987 konnte er in die Bundesrepublik Deutschland ausreisen. Ab 1996 wurde Joswig durch die Fernsehserie „Küstenwache" als Kapitän Ehlers einem breiten Publikum bekannt. Er ist auch als Synchronsprecher aktiv und lieh unter anderem Tom Berenger, Gary Oldman und Michael York seine Stimme. Rüdiger Joswig ist mit der Schauspielkollegin Claudia Wenzel verheiratet und lebt in Berlin.

Herr Joswig, heute ist ein stressiger Drehtag. Danke, dass Sie sich dennoch ein paar Minuten Zeit nehmen für ein kurzes Gespräch. Beschreiben Sie doch bitte mal Ihre Rolle in der „Küstenwache".
Als Kapitän habe ich sprichwörtlich das Ruder in der Hand und mein Team unter Kontrolle. Als Holger Ehlers kämpfe ich immer für die gute Sache und vor allem für Gerechtigkeit. Auch wenn es brenzlig wird, behalte ich einen kühlen Kopf.
Sind Sie auch als Privatmensch jemand, der sich für Gerechtigkeit einsetzt?
Aber natürlich. Ich setze mich stets für Gerechtigkeit ein. Aber

leider ist es ja heutzutage so, dass eine gute Sache morgen schon eine schlechte Sache sein kann.

Warum glauben Sie, ist die Serie „Küstenwache" bei den Zuschauern so beliebt?

Es ist die einzige Serie mit einem Polizeischiff. Hinzu kommt, dass die Serie mit tollen Darstellern besetzt ist. Und es sind die Fälle, die bei den Zuschauern gut ankommen.

Die „Küstenwache" wird bekanntermaßen in Schleswig-Holstein gedreht. Wie gefällt Ihnen das Bundesland?

Es ist traumhaft. Gerade hier an der Ostsee ist es wunderbar und macht jeden Tag Spaß. Als Jugendlicher lebte ich bereits an der Ostsee – in Anklam in Mecklenburg-Vorpommern. Es war schon immer mein Wunsch, am Wasser zu wohnen, einfach herrlich.

Sie stehen nicht nur für die Serie „Küstenwache" vor der Kamera, sondern auch auf der Theater-Bühne. Was liegt Ihnen mehr?

Beides! Als guter Schauspieler braucht man unbedingt beides. Jeder Schauspieler sollte meiner Meinung nach Erfahrungen auf einer Theaterbühne machen.

Rüdiger Joswig ist von seinen Kolleginnen Sabine Petzl (r.) und Lara-Isabelle Rentinck umgeben.

Gibt es interessante Hobbys, die Sie ausüben?

Ich treibe in meiner Freizeit gerne Sport. Außerdem lese ich viel und höre Musik. Viel Spaß machen mir Spaziergänge. Eines meiner größten Hobbys ist das Reisen – da nehme ich gerne meine Frau mit.

Sie lesen gern, sagten Sie. Was denn zum Beispiel?

Das kommt immer drauf an.

Was für Musik hören Sie denn?

Ich finde die Stones klasse.

Wenn Sie nach einem anstrengenden Drehtag nach Hause oder ins Hotelzimmer kommen, wie schalten Sie ab?

Je nach Stimmung höre ich Musik, um zur Ruhe zu kommen.

Wie halten Sie sich generell fit?

Hauptsächlich mit Sport. Außerdem achte ich auf ausgewogene Ernährung.

Könnten Sie für eine Folge das Drehbuch schreiben, was würde inhaltlich passieren?

Ehlers könnte gern mal einen schwerwiegenden Fehler machen, bei dem es um „Kopf und Kragen" geht. Das wäre doch mal was. Ganz zum Schluss geht dann doch alles gut aus. Das Publikum wünscht, glaube ich, spannende und actionreiche Handlungen.

Stefanie Schmid, Rüdiger Joswig und Aline Hochscheid auf der Kommandobrücke.

Was wünschen Sie sich für die Zukunft der Serie?
Dass die Zuschauer weiterhin der „Küstenwache" die Treue halten. Das Ziel können wir aber nur erreichen, wenn die Drehbuchautoren möglichst spannende und vor allem glaubhafte Geschichten schreiben. Dann kann ich mir vorstellen, dass auch weiterhin das Publikum unsere Geschichten mag.
Haben Sie vielen Dank für das Interview, Herr Joswig.

Rüdiger Joswig als Kapitän Holger Ehlers auf der Kommandobrücke der „Albatros". Hier studiert er gerade die Schiffsroute auf einer Karte.
Foto: Kai Labrenz

Rüdiger Joswig steht als Kapitän Holger Ehlers nachdenklich auf der Kommandobrücke in der Einsatzzentrale. Ralph Kretschmar sucht Daten im Computer.

Küstenwache – der Pilotfilm

Der Pilotfilm „Küstenwache" bildete den Auftakt zur ersten Staffel der gleichnamigen Fernsehserie, die von 1997 bis 2016 ausgestrahlt wurde.

Mit dem Pilotfilm soll den Zuschauern der Arbeitsalltag der Besatzung des fiktiven Polizeistreifenbootes „Albatros" an der deutschen Küstenwache näher gebracht werden. Bereits der Pilotfilm wurde mit einem „Off-Text" eingeleitet, das heißt: während der Zuschauer im Vorspann actionreiche Szenen mit den Schauspielern zu sehen bekommt, erzählt ein „Off-Sprecher die Aufgabe der Küstenwache. Eingeleitet wurde der Vorspann mit der Erklärung: „Die Küsten eines Landes sind offene Grenzen, offen für Handel und Tourismus, aber auch für Verbrechen." Dem TV-Zuschauer wird somit vermittelt, dass er sich gedanklich auf einem im wahrsten Sinne des Wortes offenen Meer befindet. Es folgt der Satz: „Um die Sicherheit auf dem Meer zu wahren, haben sich der Bundesgrenzschutz, der Zoll und andere Behörden zu einer Polizei auf See zusammengeschlossen; sie sind die Küstenwache."

Jetzt wird dem Zuschauer erklärt, dass es trotz aller offenen Meere sehr wohl Sicherheit gibt. Zugleich weiß er nun, wer dafür zuständig ist: Bundesgrenzschutz, Zoll und andere Behörden. Und während der Off-Sprecher Bodo Wolf dem Zuschauer diesen Passus erzählt, laufen uniformierte Protagonisten durchs Bild.

Das im Film verwendete Schiff „Albatros" war zum Zeitpunkt des Filmdrehs im Jahr 1996 (erster Drehtag am 7. Mai 1996) ein Schiff der deutschen Küstenwache, welches auf der Ostsee für Patrouillenfahrten eingesetzt wurde. Es trug die Kennung BG 14 und hieß in Realität „Duderstadt". Der Schriftzug „Duderstadt" wurde durch ein Requisiten-Schild mit dem Schriftzug „Albatros" ersetzt.

Gedreht wurde der Pilotfilm übrigens größtenteils in der Mecklenburger Bucht, in Höhe der Insel Rügen sowie in Neustadt in Holstein.

Im Pilotfilm haben damit mit gewirkt:

Rüdiger Joswig	als Kapiätn Holger Ehlers
Julia Bremermann	als Wachoffizierin der „Albatros"
Rainer Basedow	als Smutje Karl-Heinz Schneidewind
Lena Lessing	als Bootsfrau Rita Friesen
Elmar Gehlen	als Maschinsit Wolfgang Unterbaur
Gregor Weber	als Funker Rolf Hohmann
Bodo Wolf	als Einsatzleiter Kurt Weber
Gisela Hahn	als Ingrid Ehlers (Ehefrau von Holger Ehlers)
Sebastian Reznicek	als Schüler Erik Ehlers
Jan Sosniok	als Rettungsschwimmer „Dette" Muller
Eva Habermann	als Animateurin Maike Gerber
Raimund Harmstorf	als Kapitän der „Neris"
Bruno Eyron	als Bootsmann der „Neris"
Heinz Werner Kraehkamp	als Smutje der „Neris"
Horst Günter	als Funker der „Neris"
Günther Kaufmann	als Besatzungsmitglied der „Neris"

Prominente Gastdarsteller

Welcher prominente Schauspieler für die „Küstenwache" vor der Kamera stand, erfahren Sie in arbiträrer Reihenfolge auf den folgenden Seiten. Sicherlich sind Sie genauso erstaunt wie der Autor dieses Buches, wer schon alles in der Serie mitgewirkt hat. Ein kleiner Streifzug aus den Jahren 1997 bis 2016. Die Fotos zeigen nicht unbedingt den Darsteller in seiner Rolle bei der „Küstenwache".

Gisa Zach war in den Folgen „Ehlers große Entscheidung", „Blutsbande", „Herzfeuer", „Explosive Geschäfte", „Spiel mit der Angst", „Das Vermächtnis des Kopernikus", „Ehlers in Not", „Im Fadenkreuz", „Gefangen in der Hölle", „Geisterschiff" und „Gefährliche Liebschaft" als Henrike Matani zu sehen.

Miriam Smolka war zu sehen als Simone von Ahlbeck in den Folgen „Mörderische Jagd", „Ufos über Vineta", „In fremden Gewässern", „Auf eigene Faust", „Hundstage", „Das letzte Ufer", „Stunden des Schicksals", „Piraten auf der Ostsee", „Tödliche Hochzeit", „Gefährliche Fracht", sowie „Im Rausch der Freiheit".

Rolf Becker (Foto rechts) war in folgenden Episoden der „Küstenwache" zu sehen: „Wunden der Vergangenheit", „Victor Smellgard", „Gefährlicher Fund", „Tod auf dem Tonnenleger", „Götterdämmerung", „Mörderische Jagd" und „Fischernetz". In diesen sechs Folgen taucht er jeweils mit unterschiedlichen Namen und Funktionen auf.

Paul Faßnacht war in den nachstehenden fünf Folgen zu sehen: „Das Geheimnis der Hansekogge", „Bilderrätsel", „Auf Messers Schneide", „Mann über Bord" und „Ganoven an Bord"

Mathias Harrebye-Brandt spielte in „Dunkle Schatten", „Störmanöver", „Auf der falschen Seite", „Gegen die Zeit" und „Späte Rache" mit.

Auch der Hamburger Schauspieler **Fabian Harloff** (Foto rechts) wirkte in der „Küstenwache" mit und war in „Macht der Verzweiflung", „Operation Kreuzfeuer 1" und „Operation Kreuzfeuer 2", sowie „Baby an Bord" zu sehen. Er hatte verschiedene Rollen mit unterschiedlichen Namen.

Schauspieler **Helmut Zierl** (Foto links) war in der Folge „Tödliche Algen" als Jan Leibold, in der Folge „Wer einmal lügt" als Hanno Lehel und in „Feuer an Bord" als Horst Sellmann bei der „Küstenwache" zu sehen.

Der in Berlin wohnende Schauspieler **Manfred Zapatka** tauchte dreimal in der „Küstenwache" auf: „Operation Kreuzfeuer 1", „Operation Kreuzfeuer 2" und in der Folge „Auf eigene Faust".

Auch die Hamburger Schauspielerin **Rhea Harder** (bekant aus „Notruf Hafenkante") spielte in der „Küstenwache" mit und hatte Auftritte in den Folgen „Verloren in der Tiefe", „Entführung auf See" und „Jetski-Rowdies".

Veit Stübner (Foto links) tauchte in unterschiedlichen Rollen und Namen in den Folgen „Ein verhängnisvolles Angebot", „Der kalte Tod" und „Der Anschlag" als Gastdarsteller auf.

Adrian Topol war in den Episoden „Herzfeuer", „Sturz in den Tod" und „Breaking the Waves" zu sehen.

Schauspieler **Florian Fitz** trat in den Folgen „In mörderischer Absicht", „Bombe an Bord" und „Flucht ohne Wiederkehr „ in Erscheinung.

In den drei Folgen „Die Büchse der Pandora", „Operation Kreuzfeuer 1" und „Operation Kreuzfeuer 2" ist **Nina Hoger** zu sehen.

Maike Bollow ist als Christina Tölz in „Operation Nero", „Tod auf dem Tonnenleger" und „Mann ohne Gedächtnis" zu sehen.

Frank Kessler taucht in den Folgen „Gefährlicher Handel" und in „Operation Kreuzfeuer 1" und „Operation Kreuzfeuer 2" zu sehen.

In der Folge „Personenschutz" taucht **Rolf Zacher** auf. Außerdem ist Zacher in den Folgen „Todesengel" und „Das große Geld" zu sehen.

Hannes Hellmann (Foto links) machte in den Folgen „Heldin wider Willen", „Endstation Hoffnung" und „Die letzte Chance" mit.

Götz Schubert spielte in den Folgen „Riskanter Besuch", „Vendetta" und „Spiel von Liebe und Tod" mit.

In „Gefährliche Enthüllung" und „Auf eigene Faust" ist Schauspielerin **Katharina Abt** dabei.

Kai Maertens (Foto rechts) spielt in „Unter Feuer" und „Schleuserjagd" mit.

Katja Weitzenböck taucht in der Folge „Fluch der Wahrheit" als Astrid Dullweber auf. In der selben Folge ist auch **Tanja Wedhorn** zu sehen.

Die in Hamburg wohnende Schauspielerin **Christina Plate** ist in Folge „Das Ultimatum" zu sehen.

Volker Lechtenbrink (Schauspieler, Sänger) ist in „Totgeliebt" und „Abrechnung auf See" zu sehen.

In Episode „Ein Mann für gewisse Stunden" ist **Sabine Vitua** zu sehen.

Der aus dem „Großstadtrevier" bekannt gewordene **Jens Münchow** spielt in den Folgen „Aufgespürt" und „Die letzte Beichte" in der „Küstenwache" mit.

Martin Brambach ist in „Sander in Gefahr" und „Höllenfahrt" zu sehen.

Christian Redl taucht in „Hexenloch" und „Tiefenrausch" als Gastdarsteller auf.

In „Verhängnisvolle Freundschaft" und „Tödliche Hochzeit" spielt **Marcus Mittermeier** mit.

Katja Woywood spielt in „Die einzige Zeugin" und „Absturz in den Tod" mit.

Ingo Naujoks (Foto links) spielt als Julian Dukat in der Folge „Tödliche Wette" mit und taucht zudem als Udo Bremer in „Kaltblütig" auf.

Schauspielerin **Claudine Wilde** hatte ebenfalls zweimal eine Gastrolle in der „Küstenwache": „Herzrasen" und „Verbrecherisches Trio" auf.

Stefan Gubser ist in „Spiel mit dem Feuer" und „Späte Rache" zu sehen.

Tessa Mittelstaedt spielt je eine Episodenrolle in „Gefährlicher Handel" und „Das Geheimnis der Hansekogge".

Dietrich Mattausch ist in den Folgen „Schuss ins Herz" und

„Unter Freunden" zu sehen.

Auch der in Hamburg lebende Schauspieler **Ulrich Gebauer** („Der Lehrer", Foto rechts) hatte eine Gastrolle in der „Küstenwache". In den zwei Folgen „Geliebter Feind" und „Duell auf See" ist er zu sehen.

„Tatort"-Star **Andreas Hoppe** ist in den Folgen „Operation Nero" und „Gnadenlos gejagt" zu sehen.

Auch der Bruder von Armin Rohde, Schauspieler **Uwe Rohde**, ist in zwei Episoden zu sehen: „Sarg aus Stahl" und „Rostige Geschäfte".

In den Folgen „Begraben in der Tiefe" und „Im Rausch der Freiheit" spielt der Berliner Schauspieler **Udo Schenk** mit.

Gerd Silberbauer (bekannt aus „Der Landarzt", Foto links) spielt in den Episoden „Die Angst im Nacken" und „Schiffbruch" mit.

Mike Hoffmann ist in „Der Feind im Dunkeln" und „Unter Schock" zu sehen.

Sven Martinek hat eine Gastrolle in „Hit und weg".

Michael Krabbe taucht in der Episode „Der Tod segelt mit" auf.

Auch **Andreas Brucker** hatte eine Gastrolle: in der Folge „Flucht in Ketten" spielte er mit.

Schauspielerin **Jasmin Schwiers** spielte die Rolle der Mareike Belt in „Riskanter Besuch".

In der Episode „Riskanter Besuch" hatte im Jahr 2014 der Schauspieler **Oliver Stokowski** eine Gastrolle.

In der Folge „Rendezvous mit dem Tod" hatten sowohl **Horst Janson** als **Ilona Grübel** einen Gastauftritt. Auch spielen in der selben Folge Michael Gahr, Michael Ludwig und unter anderem Hans Klima mit. Die folgenden Fotos zeigen die Darsteller bei Dreharbeiten für diese Folge, die unter anderem in Sierksdorf gedreht wurde.

Vorbereitungen für den nächsten Dreh: Stephanie Schmid, Ilona Grübel, Horst Janson, sowie Mitglieder der Filmcrew und Verantwortliche der „Küstenwache".

Regisseur Florian Froschmayer (links) gibt den beiden Schauspielerinnen Stephanie Schmid und Ilona Grübel Anweisungen, wie sie in der nächsten Szene zu stehen haben.

Von links: Stephanie Schmid, Elmar Gehlen, Horst Janson und Ilona Grübel bei Dreharbeiten für die Folge „Rendezvous mit dem Tod".

Ilona Grübel und Horst Janson waren trotz schlechten Wetters gut gelaunt.

79

„Tatort"-Kommissarin **Sabine Postel** hatte im Jahr 2014 eine Gastrolle als Monika Rickhoff in der Folge „Die Pforte zum Jenseits".

Nina Petri trat in der Episode „Ein schmutziges Spiel" in der „Küstenwache" auf.

Schauspielerin **Mareike Fell** spielte eine Rolle in der Folge „Heldin wider Willen", die im Jahr 2014 ausgestrahlt wurde.

Auch „Großstadtrevier"-Ermittler **Till Demtrøder** (Foto links) hatte als Paul Dittmer einen Gastauftritt – in der Folge „Wink des Schicksals".

Wer die Folge „Wer schön sein will, muss sterben" aufmerksam auf DVD oder in der Widerholung anschaut, wird die Hamburger Schauspielerin **Nina Bott** zu sehen bekommen.

Muriel Baumeister (Foto links) trat in der Episode „Spielball der Wellen" als Gastdarsteller auf.

Keine Täuschung: Auch Darstellerin **Sarah Alles** war in der Serie „Küstenwache" zu sehen – in der Folge „Täuschungsmanöver".

Katja Studt war in der Episode „Explosive Geschäfte" zu sehen.

Die Folge „Vergiftete Freundschaft" war unter anderem mit **Ludger Pistor** und **David Bredin** als Gastdarsteller besetzt.

Das Fotomodel **Barbara Meier** stand im Jahr 2012 nicht nur auf einem Laufsteg, sondern auch vor der Kamera für die „Küstenwache". Gedreht wurde die Folge „Die Hand des Teufels", die im Folgejahr ausgestrahlt wurde.

Jenny Elvers war in der Episode „Aus Mangel an Beweisen" zu sehen.

Als Nele Willemsen war **Nadeshda Brennicke** in der Folge „Die Kapitänin" zu sehen.

Die Berliner Schauspielerin **Sophia Thomalla** ist in der Folge „Auge um Auge" in der „Küstenwache" zu sehen. Mit dieser Folge strahlte die maritimste Serie Deutschlands, wie es in einer Pressemitteilung des ZDF heißt, ihre 250. Folge aus. Zum Inhalt: Ein Hubschrauber „Super Puma" eilt der Küstenwache-Crew auf hoher See zu Hilfe. Am Steuerknüppel sitzt Serienstar Wayne Carpendale alias Pilot Thomas Straatmann. Die spektakulären Einsätze wurden in Zusammenarbeit mit der Bundespolizei realisiert. Zugleich spielt Fernsehstar Sophia Thomalla eine Doppelrolle als Zwillingsschwestern, von denen nicht klar ist, auf welcher Seite des Gesetztes sie stehen.

Sophia Thomalla und Michael Baral auf dem Gelände des Bundespolizei See in Neustadt in Holstein.

Eines der offiziellen Pressefotos anlässlich des Jubiläums „250. Folge Küstenwache". Alle Hauptdarsteller stehen vor der „Albatros II", zudem haben sich die prominenten Gastdarsteller Sophia Thomalla, Michael Baral und Wayne Carpendale dazu gesellt.
Die Fotos unten zeigen Wayne Carpendale und Sophia Thomalla am Hafen in Neustadt in Holstein.

Schauspielerin, Sängerin und Moderatorin **Claudia Wenzel** (ist mit Rüdiger Joswig verheiratet) hatte in vier Folgen einen Gastauftritt in der Serie: „Verrat", „Entführung auf See", „Haffpiraten" und „Ehlers große Entscheidung".

Jochen Horst spielt in den Folgen „In den Fängen der Macht" und „Feuer an Bord" mit.

Horst Kummeth ist in „Kampf der Fischer" als Ole Jensen und „Stunden des Schicksals" als Jens Käutner zu sehen.

Als Konrad Altmann ist der Schauspieler **Jaecki Schwarz** in zwei Folgen der „Küstenwache" zu erleben: „Im Todesgriff" und „Schleichender Tod".

Der Regisseur, Drehbuchautor und Schauspieler **Gabriel Merz** spielte in „Blutsbande" und „Bitterer Verdacht" mit.

Natalie O'Hara (Foto links) hat je einen Gastauftritt in „Um jeden Preis" und „Verraten und verkauft".

Auch „Großstadtrevier"-Star **Arthur Brauss** spielte in zwei Folgen mit: „Tödlicher Schmuggel" und „Verrat".

Michael Schenk machte in „Aufgespürt" und „Der Anschlag" mit.

Das ehemalige Fotomodel und heutige Schauspielerin **Tina Bordihn** ist in den beiden Episoden „Operation Kreuzfeuer 1" und „Operation Kreuzfeuer 1" als Carla Steiner zu sehen. Auch **Günter Junghans** ist in beiden Folgen zu sehen.

Janek Rieke hatte einen Gastauftritt in den Folgen „Stummer Hass" und „Das Erbe des Matrosen".

Conrad F. Geier spielte in den Episoden „Unsichtbare Bedrohung" und „In letzter Minute" mit.

In den beiden Folgen „Das grosse Geschäft" und „Sturz in den Tod" ist Schauspieler **Christoph Tomanek** zu sehen.

Die in Hamburg lebende Schauspielerin **Yasmina Filali** (Foto oben) ist in den zwei Episoden „Sander in Gefahr" und „Gefährlicher Fund" zu sehen.

Matthias Schloo (Foto unten, bekannt aus der Serie „Notruf Hafenkante") spielt in „Die letzte Prüfung" und „Mitten ins Herz" mit.

„Großstadtrevier"-Ermittler **Peter Fieseler** taucht in je einer Gastrolle in „Wink des Schicksals" und „Tod im Steert" auf.

Lutz Herkenrath ist zu sehen in „Letzte Warnung" und „In der Tiefe der See".

Die bei Hamburg lebende Schauspielerin **Marleen Lohse** ist zu sehen in: „Dame, König, Mord" und „Der kalte Tod".

Christoph Hagen Dittmann spielt in der Folge „Wink des Schicksals" den Hafenmeister Petersen. Außerdem taucht er in der Episode „Mörderische Erbschaft" als Gastdarsteller auf.

Christian Bruhn ist in der Folge „Vaterliebe" als Johannes Haas zu sehen. Zudem spielt er in „Unsichtbare Bedrohung" mit. In Episode „Vaterliebe" taucht auch Schauspieler **Pasquale Aleardi** auf.

Kult-Regisseur und Schauspieler **Hark Bohm** (Foto oben) ist in der Folge „Unsichtbarer Feind" zu sehen.

Die Folge „Das letzte Ufer", die im Jahr 2000 ausgestrahlt wurde, war unter anderem mit **Mathieu Carrière** besetzt.

Die Berliner Schauspielerin **Anouschka Renzi** war in „Stunden des Schicksals" zu sehen.

„Notruf Hafenkante"-Star **Sanna Englund** (Foto rechts) spielt als Christine Klemens in der Folge „Ein tödliches Spiel" in der „Küstenwache" mit.

Thomas Scharff ist in „Verloren in der Tiefe" zu sehen.

Einen Gastauftritt in der „Küstenwache" hatte auch Schauspieler **Lutz Reichert**. Er war in „Übergabe auf See" zu sehen.

Aber auch Maria Sebaldt, Matthias Walter, Friederike Kempter, Ulrike Knospe, Julia Malik, Daniel Morgenroth, Dominique Horwitz, Janette Rauch, Janin Reinhardt, Pheline Roggan, Andreas Schmidt-Schaller, Peter Heinrich Brix, Gerhard Garbers, Hanns Zischler, Michael Mendl oder beispielsweise Indira Weiß hatten eine Gastrolle in der „Küstenwache".

An dieser Stelle soll der kleine „Anriss" allerdings genügen – sonst würden weitere zehn Seiten mit einer Aufzählung folgen. Ab jetzt folgt eine Art **Bildnachlese**. Fotos, die während der Dreharbeiten gemacht wurden.

Fotos der Hauptdarsteller in verschiednenen Posen und ein paar Bilder aus der Kategorie „Hinter den Kulissen". Viel Spaß mit den Fotos auf den folgenden Seiten...

Blick in die Einsatzzentrale der „Küstenwache": Die Schauspieler Ralph Kretschmar, Rüdiger Joswig, Elmar Gehlen und Aline Hochscheid in ihrer jeweiligen Rolle.

Aline Hochscheid als Bootsfrau Alexandra „Alex" Johannson. In dieser Szene recherchiert sie gerade im Internet.

Opal Filmproduktion GmbH
Kustenwache X
PANTHER

ROLL	SCENE	TAKE
223A	6·2215	2

Director Nicolai Albrecht

Camera Andreas Heine

Date 04.07.2006   DAY

Der Autor dieses Buches schaute dem Filmteam am 4. Juli 2006 über die Schulter, führte Interviews und machte unter anderem diese Fotos. Oben: Kamera und Filmklappe. Foto links: Fussel- und Schrammenkontrolle.

*Elmar Gehlen als Leitender Maschinist Wolfgang Unter-
baur kurz vor einer Aufnahme. Ein Mitarbeiter der Filmcrew schlägt die Filmklappe. Fotos (4): Kai Labrenz*

*Ein Hubschrau-
ber der Bundes-
polizei.*

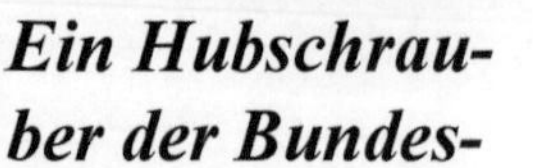

*Auch die Bundeswehr gab an manchen Drehtagen tech-
nische Hilfe: mit diesem Hubschrauber wurden Personen
abgeseilt oder Kamera-Einstellungen eingefangen.*

Polizeioberkommissar und Leitender Maschinist Wolfgang Unterbaur – sein Markenzeichen war immer das Rauchen einer Zigarre. Foto: Kai Labrenz

Andreas Arnstedt als Polizeiobermeister Kai Norge. Der Dienst auf der „Albatros II" war nicht immer leicht – ein Lächeln hatte der Smutje und Sanitäter dennoch übrig...

Andreas Arnstedt als Polizeiobermeister Kai Norge.

Polizeiobermeister Nils Krüger war der Kommunikationstechniker an Bord.

Stress in der Einsatzzentrale: Wolfgang Unterbaur (rechts) liest dem Kapitän Holger Ehlers etwas vor, während Nils Krüger (links) nach weiteren stichhaltigen Belegen sucht.

Kommissarin Alexandra „Alex" Johannson.

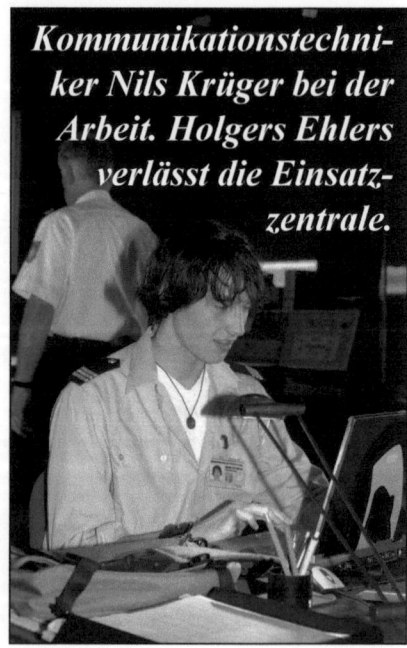

Kommunikationstechniker Nils Krüger bei der Arbeit. Holgers Ehlers verlässt die Einsatzzentrale.

Ein seltener Moment: die Einsatzzentrale der „Küsten-wache" ist menschenleer. Vorne eine Karte der schleswig-holsteinischen Ostseeküste, im Hintergrund hochmoderne Funksprechgeräte und Computer.

Max Florian Hoppe und Rüdiger Joswig.

*Wie auf Seite 50 erwähnt, standen für die Folge „Vaterliebe"
Johanna Christine Gehlen und ihr Vater Elmar Gehlen ge-
meinsan vor der Kamera. An dieser Stelle ein anderes Foto.*

Sabine Petzl.

*Andreas
Arnstedt
und Lara-
Isabelle
Rentinck.*

*Von links: **Andreas Dobberkau** (als Marten Feddersen), **Sabine Petzl** (Saskia Berg), **Rüdiger Joswig** (Holger Ehlers), **Lara-Isabelle Rentinck** (Pia Cornelius), **Andreas Arnstedt** (Kai Norge), **Michael Kind** (Hermann Gruber) und **Max Florian Hoppe** (Ben Asmus) standen am 22. August 2011 bei den Dreharbeiten auf der Kommandobrücke.*

Andreas Dobberkau.

*Rechts: **Andreas Arnstedt** und **Lara-Isabelle Rentinck**.*

Von links: Elmar Gehlen, Christoph Leszczynski, Anton Levit und Katja Hiller bei Dreharbeiten für die Folge „Reine Vertrauenssache". Auch das Foto unten entstand am Set für diese Episode.

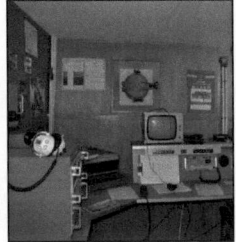

Lara-Isabelle Rentinck.

Elmar Geh-len und Christoph Lesz-czynski (als pol-nischer Kapitän).

Christoph Leszczynski und Laszlo I Kish am Set.

Katja Hiller und Anton Levit.

Michael Kind.

Wayne Carpendale und Sophia Thomalla.

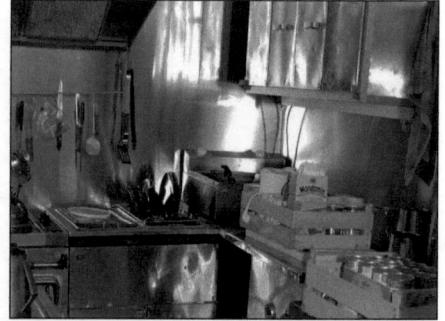

Katja Hiller als Journalistin Jenny Färber.

Darsteller Anton Levit als Journalist Juri Lotschenko in Neustadt.

Filmfelhler – ach nein, Filmfehler

In einzelnen Folgen der Küstenwache sind Filmfehler zu sehen. So sind die Betriebsnummern der beim Dreh gefilmten Küstenwachtboote nicht immer stimmig.

In der Folge 256 mit dem Episodentitel „Geschäfte mit dem Tod" (Staffel 16) trägt die Schiffscrew T-shirts in der Einsatzzentrale – obwohl es draußen bitterkalt ist. Denn in mehreren vorherigen Szenen sind Schnee und Eis zu sehen. Niemand läuft im tiefsten Winter nur im T-Shirt herum, auch wenn die Einsatzzentrale auf dem Schiff noch so gut beheizt sein sollte.

Auch diverse Funksprüche stimmen nicht. So gibt beispielsweise in der Folge „Das Totenschiff „ Kapitän Holger Ehlers einen Funkspruch an die Einsatzzentrale mit den Worten „Einsatzzentrale für Albatros II, bitte Kommen" ab. In der Realität würde ein Beamter an Bord der „Albatros II" den korrekten Funkspruch „Albatros für/von Albatros II" abgeben – die Zentrale in Neustadt heißt nämlich „Albatros".

Da aber kein Zuschauer damit etwas anfangen kann und schlicht nicht weiß, was mit Albatros gemeint ist, wurde in der Serie generell ein Funkspruch „zuschauergerrecht" vereinfacht.

Ist es eigentlich ein Filmfehler, wenn Wolfgang Unterbauer in einigen Folgen relativ gleich lange Zigarren raucht, die kaum kürzer werden?

Das Ende naht

Im Januar 2014 bekam der Autor dieses Buches einen Hinweis aus Kreisen der Produktionsfirma, dass vorerst keine weiteren Folgen produziert würden. Sofort fragte er bei der Pressestelle des ZDF im Landesstudio Hamburg nach. Die Antwort verarbeitete er in Form eines Zeitungsartikels, der einen Tag später in verschiedenen Zeitungen veröffentlicht wurde. Es war anfangs nur die Rede von einer Drehpause. Mehr dazu auf Seite 101.

Auch interessant...

Am 28. Juni 2017 erhielt der Autor dieses Buches eines Pressemitteilung von der Bundespolizei. Darin heißt es, dass im feierlichen Rahmen in Neustadt in Holstein die beiden Einsatzschiffe BP 22 „Neustrelitz" und BP 23 „Bad Düben" offiziell außer Dienst gestellt wurden. Mit dem Einholen der Dienstflaggen endet für die Bundespolizei See eine lange Verbundenheit mit den Schiffen, die in Neustadt in Holstein beheimatet waren. „Die Außerdienststellung dieser beiden Einsatzschiffe ist zugleich der Auftakt für die Modernisierung der Bundespolizeiflotte. In den kommenden Jahren werden drei moderne, größer und leistungsfähigere Schiffe gebaut und in Dienst gestellt", sagt Präsident Bodo Kaping, Leiter der Bundespolizeidirektion Bad Bramstedt.

Die „Neustrelitz" wurde am 15.9.1993 und die „Bad Düben"

am 7.8.1996 in den Dienst des ehemaligen Bundesgrenzschutzes, heute Bundespolizei gestellt. Vorangegangen waren umfangreiche Umbaumaßnahmen, denn die Schiffe wurde durch die ehemalige DDR Volksmarine ursprünglich als kleine Raketenschiffe gebaut und gingen nach der Wiedervereinigung zunächst in den Besitz der Deutschen Marine über, bevor sie als Küstenwachtschiffe eingesetzt werden konnten.

Die „Bad Düben" BP 23.

Die Einsatzschiffe sind 48,9 Meter lang und 8,7 Meter breit. Der Tiefgang beträgt 2,5 Meter und die Höchstgeschwindigkeit beträgt 22 Knoten. Die Besatzungsstärke betrug 14 Polizeivollzugsbeamte.

Die „Neustrelitz" wurde aufgrund technischer Probleme am 2.11.2016 aus dem Fahrbetrieb genommen. Die „Bad Düben" fuhr bis zum 31.3.2017 die letzten Seestreifen, bevor sie aufgrund des Auslaufens der Klassenlaufzeit aus dem Fahrbetrieb genommen wurde. Die „Bad Düben" fuhr etwa 411.000 Seemeilen, das sind etwa zehn Erdumrundungen und die „Neustrelitz" fuhr circa 480.000 Seemeilen (etwa zwölf Erdumrundungen). Das Einsatzgebiet der Einsatzschiffe umfasste die bundespolizeilichen Aufgaben auf See von Flensburg bis Wismar. Vielen sind die beiden Schiffe der Bundespolizei aus der Fernsehserie „Küstenwache" bekannt, dort waren sie abwechselnd unter dem Namen „Albatros II" zu sehen. An der Außerdienststellung nahmen auch Vertreter der Patenstädte Neustrelitz und Bad Düben teil, mit denen seit Jahren ein intensiver Austausch bestand.

Die „Neustrelitz" BP 22.

Das Ende

Hubschrauber, Schiffe, Schnellboote – mit großem Aufwand wurden die 299 Folgen in 17 Staffeln produziert.

Ein Kameramann nimmt die Szene mit dem Hubschrauber auf. Eine Aufnahmeleiterin spricht in ihr Funkgerät und gibt Instruktionen.
Fotos: Kai Labrenz

Mit den Überschriften **„ZDF dreht im Jahr 2014 keine neuen Folgen der `Küstenwache`"** und **„Droht der Serie `Küstenwache` das Ende?"** nahmen auch erste Printmedien das Thema auf, dass die Serie ihrem Ende entgegen schippert. Nachfrage bei der Pressestelle des ZDF in Hamburg: „Es stimmt, in diesem Jahr wird die Küstenwache eine Produktionspause einlegen", bestätigt Susanne Priebe, Sprecherin des ZDF im Jahr 2014. Das Aus der Serie könne sie allerdings nicht bestätigen.

Fans der ZDF-Vorabendserie „Küstenwache" sind beunruhigt. Sie befürchten das komplette Aus der Serie. Damit würde Schleswig-Holstein eine weitere Fernsehproduktion verlieren. Im Oktober 2012 fiel die letzte Klappe für die Serie „Der Landarzt" mit Wayne Carpendale in der Hauptrolle, die 25 Jahre lang in Kappeln an der Schlei und Umgebung produziert wurde. Nun die Angst bei Fernsehzuschauern, dass auch die „Küstenwache" mit Rüdiger Joswig, Sabine Petzl, Lara Isabelle Rentinck, Andreas Dobberkau, Michael Kind und Andreas Arnstedt ein Ende finden könnte.

„Im Dezember 2013 wurden die Dreharbeiten der 17. Staffel beendet und im vergangenen Jahr 22 neue Folgen produziert. Gleichzeitig wird die neue Serie ‚Kripo Holstein – Mord und Meer‘ in diesem Jahr fortgeführt, so dass der Vorrat an neuen Folgen der beiden beliebten Vorabendserien aus Schleswig-Holstein noch bis in das Jahr 2016 reicht", sagt Susanne Priebe und ergänzt: „Die Zuschauer können sich auf dem Sendeplatz am Mittwoch um 19.25 Uhr also noch lange auf brandneue Folgen der maritimen Serien aus dem hohen Norden freuen."

Kein Wort von einem Serien-Aus. Unklare Lage bei den Fans, die im Internet teilweise zu spekulieren beginnen.

Seit 1996 wird in Neustadt und Umgebung die „Küstenwache" gedreht. Fast ganzjährig ist die Filmproduktion zugange, um Szenen auf den Schiffen der Bundespolizei See, in zwei Studios sowie in diversen Städten und Dörfern an der Ostsee zu filmen.

Für die Region Neustadt ist die Serie ein wichtiger Wirtschaftsfaktor. Jedes Jahr kommen Urlauber aus dem gesamten Bundesgebiet, um sich die Kulissen anzuschauen.

Ein Serien-Aus wurde nicht bestätigt. Ein Aufatmen bei allen Beteiligten wie Darstellern, der Filmcrew, Fans. Und dennoch war die Verbrecherjagd auf der Ostsee wenige Monate später vorbei: „Um unser Serienangebot kontinuierlich zu modernisieren und unseren Zuschauern neue Entwicklungen anbieten zu können, müssen wir uns gelegentlich von langlaufenden Formaten verabschieden", heißt es in einer Mitteilung des Fernsehsenders. Es ist nur dieser eine Satz — das ist alles. Es gibt keine Erklärung, was mit den Schauspielern passiert, kein Wort des Bedauerns, dass die Serie, die seit 1996 in Neustadt gedreht wird, eingestellt wird.

Das plötzliche Aus der beliebten Serie

Offenbar überraschte das plötzliche Serien-Aus nicht nur das Publikum, sondern anscheinend auch die Mitarbeiter der Opal Filmproduktion, die die Serie von Neustadt in Holstein aus produzierten. Sie sollen nach Recherchen des Autors sehr spät von der Entscheidung des Senders erfahren haben.
19 Jahre lang schipperte die „Albatros" oder „Albatros II" die Ostsee entlang und die Crew löste spektakuläre Einsätze.
19 Jahre schaute das Team regelmäßig dem Tod ins (Bull-) Auge.
19 Jahre lang tauchten in den einzelnen Szenen prominente Gastdarsteller wie Ralph Möller, Stephanie Stumph, Tanja Szewczenko, Axel Schulz oder beispielsweise Ralpf Richter (weitere prominente Gastdarsteller sehen Sie im separaten Kapitel) auf und sorgten für teils spannende, teils unterhaltsame Momente. Doch trotz guter Quoten ist nach 19 Jahren damit

Schluss. Am 27. Januar 2016 wurde die endgültig letzte Folge der Serie ausgestrahlt.

Dabei wurde mit dem langjährigen Ersatzkapitän Thure Sander (gespielt von Manou Lubowski) doch gerade erst ein würdiger Nachfolger für Ex-Kapitän Ehlers (Rüdiger Joswig) auf die Brücke der „Albatros II" berufen. Nun muss er schon wieder woanders anheuern – so ist das Leben.

Dreharbeiten in Neustadt in Holstein standen für die Einheimischen fast an der Tagesordnung. Im Jahr 2014 fiel die letzte Filmklappe, im Januar 2016 wurde die letzte Folge im Fernsehen ausgestrahlt.

Kaum wurde von dem Serie-Aus in den unterschiedlichen Medien berichtet, formierte sich der Widerstand. Eine Online-Petition wurde gestartet und in den sozialen Netzwerken schrieben Fans ihr Bedauern über die Entscheidung des ZDF nieder. Genützt hat es alles nichts. Die erfolgreiche Polizeiserie Küstenwache gibt es nicht mehr.

Die einzelnen Folgen von 1997 bis 2016

1. Staffel:
Pilotfilm
1 Der Lockvogel
2 Die Jagd
3 Fischernetz
4 Eriks Geheimnis
5 Tanz auf dem Meer
6 Der Schleuser
7 Personenschutz
8 Insel im Nebel
9 Hoher Besuch
10 Gift
11 Traumtänzer
12 In der Tiefe der See
13 Die Operation

2. Staffel:
14 Meuterei auf der Caditz
15 Das trojanische Pferd
16 Ganoven an Bord
17 Verrat
18 Die Flucht
19 Der Piratensender
20 Blinder Passagier
21 Promille am Ruder
22 Mitten ins Herz
23 Unsichtbarer Feind

3. Staffel:
24 Feuer an Bord
25 Im Rausch der Freiheit

26 Gefährliche Fracht
27 Tödliche Hochzeit
28 Piraten auf der Ostsee
29 Stunden des Schicksals
30 Das letzte Ufer
31 Hundstage
32 Auf eigene Faust
33 In fremden Gewässern
34 Ufos über Vineta
35 Mörderische Jagd

4. Staffel:
36 Zwischen den Fronten
37 Yachten im Bermuda-Dreieck
38 In den Tiefen des Meeres
39 Abrechnung auf See
40 Jetski-Rowdies
41 Regatta auf Leben und Tod
42 Raubtaucher
43 Tödlicher Schmuggel
44 Schleuserjagd
45 Mörderische Konkurrenz
46 Kampf der Fischer
47 Böser Schatten

5. Staffel:
48 Piratenkinder

Quelle: Produktionsspiegel und
Angaben des ZDF

Quellenangaben

Alle Angaben über die Fernsehserie „Küstenwache" beruhen auf Recherchen des Autors. Allgemeine Angaben (Inhalte einzelner Folgen, Informationen über die Darsteller und ihren Rollen,...) stammen von Pressemitteilungen des Zweiten Deutschen Fernsehens. Vielen Dank für die Bereitstellung dieser Informationen. Das Buch erhebt keinen Anspruch auf Vollständigkeit.

Alle Fotos dieses Buches sind von Matthias Röhe – mit Ausnahme der gekennzeichneten Fotos. Diese stammen vom Schleswiger Fotografen Kai Labrenz, der auch die Idee zu diesem Buch hatte. An dieser Stelle ein großes Danke, dass er einige seiner Fotografien für dieses Buch zur Verfügung gestellt hat. Die Fotos enstanden vorwiegend am Set der „Küstenwache".

Bei diesem Buch handelt es sich um kein offizielles Produkt der Serie „Küstenwache". Es wurde im Eigenverlag von Matthias Röhe geschrieben und produziert. Der Autor steht in keinem direkten Kontakt zur Produktion der Serie! Kritik (bezogen auf den Inhalt der Serie) oder Autogrammwünsche richten Sie bitte direkt an die Redaktion beziehungsweise Produktion.

Über den Autor: Matthias Röhe arbeitet als Redakteur und Pressefotograf in Hamburg. Er beliefert regionale und lokale Tages- und Wochenzeitungen, sowie bundesweit erscheinende Zeitschriften und Illustrierte mit Text- und Fotomaterial. Zudem gibt er die Monatszeitung „Hamburger Allgemeine Rundschau" heraus. Den Schwerpunkt hat Matthias Röhe auf die Prominentenschiene gelegt. Fast täglich ist der Fotograf auf Presseterminen in Schleswig-Holstein, Niedersachsen, Mecklenburg-Vorpommern, Hamburg und Umgebung unterwegs und fotografiert Veranstaltungen, Filmpremieren, Geschäftseröffnungen und Abendgalas. Zudem hält er sich stundenlang in diversen Pressegräben auf und verweilt in absperrten Pressebereichen („Fotografen-Käfige") am Roten Teppich: Immer auf der Lauer nach Promis. An dieser Stelle zu erwähnen: das Buch „Raubtierjournalismus – der Kampf ums betse Bild". In seinem Buch beschreibt er den Arbeitsalltag.

Setbesuche stehen ebenfalls regelmäßig an, so dass stetig neue Fotos von aktuellen Dreharbeiten dazu kommen. Aufgrund der vielen Fotos von verschiedenen Dreharbeiten und der Erfahrung, dass die meisten seiner Fotos nicht in Zeitschriften oder Zeitungen veröffentlicht werden, kam er auf die Idee, diese (meist unveröffentlichten) Fotos in eigenen Büchern zu publizieren. „Wir machen teilweise so schöne Fotos am Set mit Arbeitsfotos, Szenenfotos und Übersichtsfotos und haben meist mit den Schauspielern tolle Fotos inszeniert – in meinen eigenen Büchern kann ich genau diese unterbringen", freut sich Matthias Röhe. Ansonsten würden die zahlreichen Bilddateien in seinem Archiv lagern, ohne dass sie irgendwer zu sehen bekommt. Röhe ist Inhaber der FoTe-Press – einem Foto- und Text-Dienstleistungsunternehmen in Hamburg. Die Firmenhomepage ist abrufbar unter www.FoTe-Press.de.

Das Foto zeigt Matthias Röhe mit seiner Kamera.
Foto: Privat

Weitere Produkte von FoTe Press

Danke Landarzt – 26 Jahre rezeptfreie Unterhaltung

„Der Landarzt", ein Projekt, das sich im Laufe der Zeit zu einer der erfolgreichsten Familienserien im deutschen Fernsehen entwickelt. Die Serie mit Christian Quadflieg, Walter Plathe und von 2008 bis 2012 mit Wayne Carpendale in der Hauptrolle ist einer der wenigen Dauerbrenner auf dem Fernsehbildschirm. Zudem ist sie eine der am längsten laufenden Arzt- beziehungsweise Familienserien in der Fernsehgeschichte. In diesem Buch stellt Autor Matthias Röhe die Darsteller vor, beschreibt die Drehorte der Serie und zeigt eine Auflistung aller bisher gezeigten Folgen. Das große Landarzt-ABC mit Begriffen rund um die Serie, Interviews mit Gerhard Olschewski, Franziska Troegner und weiteren Darstellern, eine umfangreiche Vorstellung prominenter Gastdarsteller runden den Inhalt dieses Buches ab. Das Highlight dürften die zahlreichen Fotos von den Dreharbeiten sein. Set-Fotos, Arbeitsfotos, Portraits und Szenenfotos stellen einen großen Teil dar. In Fanbuch für alle Landarzt-Fans. Von der ersten bis zur letzten Filmklappe (1986 bis 2012). Danke Landarzt – 26 Jahre rezeptfreie Unterhaltung. ISBN: 978-3-7357-7921-2. Preis: 9,99 Euro. www.FoTe-Press.de/produkte.

Der Landarztfotograf – ein Portrait

Die Vorabendserie „Der Landarzt" ist ein Projekt, das sich im Laufe der Zeit (seit 1987) zu einer der erfolgreichsten Familienserien im deutschen Fernsehen entwickelt hat. Der Schleswiger Fotograf Kai Labrenz war von 1992 bis 2007 zum Teil als einziger Fotograf am Set und konnte einzigartige und exklusive Fotos mit seiner Spiegelreflexkamera einfangen. In dem Buch „Der Landarztfotograf" werden Erlebnisberichte von Kai Labrenz über die Dreharbeiten wiedergegeben – mit aussagekräftigen Fotos versehen. Set-Fotos, Arbeitsfotos, Portraits sämtlicher Haupt- und Nebendarsteller, sowie schöne Szenenfotos sind in diesem Buch enthalten. Freuen Sie sich auf tolle Fotos von den Klatschtanten aus Deekelsen, dem Landarzt Dr. Uli Teschner, Pastor Eckholm, sowie vielen Schwestern aus der Praxis. Für Fans der TV-Serie ist dieses Buch ein unbedingtes Muss im Bücherregal. Neben Erlebnisberichten und zahlreichen Fotos enthält dieses Werk zudem das Kapitel „Mit Kai Labrenz auf den Spuren des Landarztes". Sie bekommen interessante Hintergründe zu den genauen Drehorten der Serie. Der Fotograf Kai Labrenz, geboren 1961: über eine Ausbildung zum Bauzeichner erwachte sein Interesse an der Fotografie. Foto-Dokumentationen der Dreharbeiten zu vielen bekannten TV-Serien und –Produktionen wie „Tatort", „Der Fürst und das Mädchen" oder „Der Landarzt". Fotograf des Titels „Filmland Schleswig-Holstein". „Der Landarztfotograf", BoD, ISBN: 978-3-7347-5528-6. www.FoTe-Press.de/produkte.

Buch „Persönlichkeiten: vergangen, aber nicht vergessen"

Persönlichkeiten: vergangen, aber nicht vergessen

Wo Persönlichkeiten ihre letzte Ruhe fanden

RUHESTÄTTE

Tobi Thomsen

Friedhöfe sind etwas Schönes, haben aber etwas Trauriges an sich. Immerhin liegen dort verstorbene Menschen. Angehörige nehmen auf verschiedene Art und Weise Abschied von ihren geliebten Personen. Teils sind es ergreifende, humorvolle oder überraschende Grabsteine, Grabplatten oder Grabstellen, teils sind es rätselhafte Gräber und Inschriften. Das Betrachten von Grabstätten ist aber auch für unbeteiligte Personen eine für die menschliche Seele nützliche Beschäftigung. Allen Menschen sei empfohlen, mit dem Tode auf gutem Fuße zu stehen. Immerhin ist der Tod die einzige Sache im Leben, die völlig sicher ist. Wer früh stirbt, ist länger tot - mit diesem Spruch versuchen manche Menschen das Missverhältnis auszugleichen, zudem die Zeit steht, die wir leben, zu der endlosen Zeit, die wir tot sind.

Das Buch führt den Leser kreuz und quer zu Friedhöfen in verschiedenen Städten Deutschlands: von Glücksburg im Norden bis Grünwald im Süden, sowie Berlin im Osten und Köln im Westen des Landes. Unter anderem finden sich in diesem Buch Fotos von Grabstätten von Guido Westerwelle, Gerda Gmelin, Rex Gildo, Eduard Zimmermann, Helmut Schmidt, Hellmuth Karasek, Roger Cicero, Edgar Bessen, Henry Vahl, Monica Bleibtreu und Inge Meysel. Das Buch soll an die 305 ausgewählten Persönlichkeiten erinnern. Sie haben etwas für Deutschland getan. Direkt und indirekt. Mit diesem Buch soll ihnen etwas postum zurückgegeben werden, damit sie niemals in Vergessenheit geraten. 260 Seiten, Verlag: Books on Demand, ISBN-13: 978-3-7431-1236-0. Zu bestellen auch unter www.FoTe-Press.de/produkte

Buch: „Wohnhäuser der Promis"

Wer möchte nicht gerne wissen,wo sein Lieblingsmoderator oder Schauspieler wohnt. Zu Lebzeiten ist eine Veröffentlichung der Wohnanschriften aus Daten- und Persönlichkeitsrechten nicht erlaubt – es sei denn, der Promi möchte, dass die Fans wissen, wo das Zuhause ist. In den meisten Fällen vermeiden prominente Persönlichkeiten allerdings, dass die Adressen an die Öffentlichkeit gelangen, damit Fans nicht irgendwann vor dem Hauseingang herum lungern.

Leider gibt es aber auch Todesfälle zu beklagen. Im März 2016 starb Sänger Roger Cicero plötzlich und unerwartet. Im August 2007 verstarb Schauspielerin Evelyn Hamann – um zwei Beispiele zu nennen. In Gedenken ihrer großartigen Leistung möchten viele Fans wissen, wo diese beiden Protagonisten lebten. Hatte Evelyn Hamann (sie wohnte in Hamburg) ein Einfamilienhaus? Wohnte sie an der Elbe, Alster oder doch in der Nähe der Bille? Die Antwort gibt es in dem 240seitigen Buch "Wohnhäuser der Promis" von Tobi Thomsen. In 206 Kurzbiografien stellt der Buchautor Persönlichkeiten aus Politik, Musik, Rundfunk, Unterhaltung und Sport vor und gibt die ehemaligen Wohnanschriften bekannt. Der Leser sieht eine Außenansicht der Gebäude. Außerdem erfährt der Leser den Ort der jeweils "letzten Wohnstätte": der Grabstätte.

Etwa 82 Millionen Menschen leben in Deutschland, darunter etwa 10.000 prominente Persönlichkeiten. Einige sorgen als TV-Moderator für gute Laune, verkünden als Sprecher Nachrichten, moderieren Radiosendungen, holen Titel in verschiedenen Sportarten nach Deutschland oder prägen beispielsweise als Architekten die Stadtbilder. Nicht zu vergessen Politiker, die in Deutschland die politische Richtung vorgeben und das Land regieren. Mit seinen 16 Bundesländern und 295 Landkreisen bietet Deutschland wunderschöne Plätze, sich häuslich niederzulassen.

In einer Auswahl von 206 Kurzbiografien werden in dem Buch „Wohnhäuser der Promis" interessante Persönlichkeiten vorgestellt, die in Deutschland ihre einstigen Wohn- und Wirkungsstätten hatten. Von Schauspieler Hans Albers über Witta Pohl, Roger Cicero, Helmut Schmidt, Gerda Gmelin, Sängerin Alexandra, Götz George, Günter Pfitzmann, Joachim Fuchsberger, Max Greger, Beate Uhse, Hellmuth Karasek, Vadim Glowna, Otto Sander, Evelyn Hamann, Helmut Schmidt, Willy Brandt bis zu TV-Journalist Peter von Zahn. Das Buch führt den Leser kreuz und quer durch Städte Deutschlands: von Glücksburg im Norden bis Grünwald im Süden, sowie Berlin im Osten und Köln im Westen des Landes. Das Buch soll an die 206 ausgewählten Persönlichkeiten erinnern. Sie haben etwas für Deutschland getan – direkt und indirekt – mit diesem Buch soll ihnen etwas postum zurückgegeben werden.

Buch: „Wohnhäuser der Promis", Autor: Tobi Thomsen, ISBN: 978-3-7412-9073-2.

Verschiedene Foto-CDs

Eine tolle Geschenkidee: Foto-CDs mit Motiven von verschiedenen Filmkulissen (un-

ter anderem „Der Landarzt", „Tatort", „Die Wicherts von nebenan", „Großstadtrevier", „Der Fürst und das Mädchen", „Notruf Hafenkante"). Eine Foto-CD enthält 25 schöne Motive in großer Auflösung, die für verschiedene Zwecke (Poster, Postkarten, etc.) verwenden werden können. Preis: 10,00 Euro. Es sind unterschiedliche Kulissen wie Ortsschilder, Film-

klappen, Gebäude von öffentlich zugänglichen Wegen auf den Foto-CDs enthalten. Zu bestellen sind die Foto-Cds unter www.FoTe-Press.de/produkte. Hinweis:es sind keine prominenten Personen abgebildet! Ausschließlich Kulissen sind auf den Foto-CDs enthalten.

Für Sammler ein unbedingtes Muss: eine Foto-CD mit Fotos verschiedener Einsatzwagen von Feuerwehr, Polizei, THW oder Rettungsdiensten. Wasserwerfer, Löschgruppenfahrzeuge, Leiterwagen, Krankentransportwagen; die unterschiedlichsten Fahrzeuge sind auf einer Foto-CD vertreten. Es gibt verschiedene Möglichkeiten: bestellen Sie eine Foto-CD mit nur einer Sorte Rettungseinheit (entweder Feuerwehr oder Polizei oder THW oder Rettungsdienst). Dann sind auf einer Foto-CD 150 Fotos von Fahrzeugen der entsprechenden Einheit drauf. Beispiel: Foto-CD Feuerwehr. Es befinden sich dann 150 Fotos der Feuerwehr auf dieser Foto-CD.

Oder Sie bestellen eine gemischte Foto-CD. Dann befinden sich auf der Foto-CD insgesamt 150 verschiedene Fotos von allen Einheiten. Beispiel: es sind dann auf dieser CD 50 Fotos mit Feuerwehrfahrzeugen, 20 vom DRK, 30 von der Johanniter Unfallhilfe, 50 Fahrzeugfotos der Polizei, der Rest sind Fahrzeuge des THW.

Die Fotos dürfen Sie dann für private Zwecke beliebig benutzen. Sie können daraus Poster oder Postkarten nachbestellen. Teilweise ist es auch möglich, dass Sie die Fotos für Ihre Homepage benutzen dürfen. www.FoTe-Press.de/produkte. Da stehen weitere Einzelheiten zu den Kaufmodalitäten bereit.

Diagnose langlebig: Der Landarzt

Es ist ein tolles Nachschlagewerk über die Fernsehserie „Der Landarzt". Ein interessantes Buch mit vielen Informationen über die TV-Serie, einer genauen Beschreibung „Wo ist Deekelsen" (den genauen Drehorten) und vielen Fotos von den Dreharbeiten. Tolle Setfotos, Szenenfotos, Portraits und Gruppenfotos von den Darstellern der Serie. Von den Anfängen mit Christian Quadflieg, Walter Plathe bis Wayne Carpendale. Ausführlich geht der Autor auf die Anfänge mit Uschi Glas ein, die während der Dreharbeiten schwanger wurde und die Filmarbeiten beenden musste. Gila von Weitershausen übernahm die Rolle der Annemarie Mattiesen, die den Fernsehzuschauern als beliebte Lehrerin aus Deekelsen bekannt ist. Alle bis zum Jahr 2010 ausgestrahlten Folgen sind chronologisch aufgelistet, zudem stellt der Autor die Hauptdarsteller detailliert vor. Zudem gibt es das Kapitel „gestorben in Deekelsen". Dort beschreibt der Autor, wer in den vergangenen Jahren verstorben ist. Das Buch „Diagnose langlebig: Der Landarzt" gibt es unter www.FoTe-Press.de/produkte und in jeder Buchhandlung. ISBN-13: 978-3-8391-3285-2, Preis: 9,99 Euro.

Raubtierjournalismus – der Kampf...

„Raubtierjournalismus – der Kampf ums beste Bild" beschreibt den Arbeitsalltag eines Fotografen, der Tag für Tag in den Pressegräben steht und am Roten Teppich prominente Persönlichkeiten abschießt. Ein Kampf ums beste Bild, denn neben ihm stehen Dutzende von „Kollegen", die einem das Leben ganz schön schwer machen. Tricks und Tipps, wie man gute Pressefotos fertigt und hinterher über eine Agentur vermarktet,

stehen in dem 148 Seiten umfassenden Buch. Wie kann man mit seinen Bildern Geld verdienen? Worauf kommt es bei einem Foto an? Wie sieht es mit den Rechten aus? Darf ich einfach Promis fotografieren und dann mit den Fotos machen, was ich will? Ein Hamburger Fotograf erzählt, wie er tagein und tagaus Pressetermine wahrnimmt, Fotos von Promis produziert, diese hinterher mit einem Programm fachgerecht beschriftet und bearbeitet und über eine Fotoagentur in Deutschlands Zeitungen und Zeitschriften bringt. Es ist ein langer Weg zu einer Veröffentlichung in einer Zeitung, Zeitschrift, Illustrierten oder einem Onlinemedium. Ein langer, ein kämpferischer Weg. In keinem anderen Beruf ist der Schritt vom Freund zum Feind so kurz, wie bei den Pressefotografen. Eben noch freundschaftlich geplaudert, steht auf einmal ein Feind neben einem. Mit allen Mitteln geht es hier um das beste Bild. Gerangel, Geschubse, Gedränge, Geschrei – immer wieder Beleidigungen, Verleumdungen, Manipulationen, Diebstähle. All dies gehört zum Berufsbild Pressefotograf dazu. ISBN-13: 978-3-8391-6680-2, Preis: 11,99 Euro.

Diagnose langlebig:„Der Landarzt"

Das Buch: mit vielen Informationen über die TV-Serie, einer genauen Beschreibung „Wo ist Deekelsen" und vielen Fotos von den Dreharbeiten. Tolle Setfotos, Szenenfotos, Portraits und Gruppenfotos von den Darstellern der Serie. Von den Anfängen mit Christian Quadflieg, Walter Plathe bis Wayne Carpendale. Ausführlich geht der Autor auf die Anfänge mit Uschi Glas ein, die während der Dreharbeiten schwanger wurde und die Filmarbeiten beenden musste. Gila von Weitershausen übernahm die Rolle der Annemarie Mattiesen, die den Fernsehzuschauern als beliebte Lehrerin aus Deekelsen bekannt ist. Alle bis zum Jahr 2009 ausgestrahlten Folgen sind chronologisch aufgelistet, zudem stellt der Autor die Hauptdarsteller detailliert vor. Das Buch „Diagnose langlebig: Der Landarzt" ist ausschließlich unter www.FoTe-Press.de/produkte zu bestellen.

Hochglanzmagazin: Diagnose langlebig:„Der Landarzt"

Seit dem Jahr 2000 begleitet Matthias Röhe die Dreharbeiten am Set des Landarztes und kennt sich mit der Serie gut aus. Neben einem ausführlichen Landarzt-ABC mit Begriffserklärungen zur Serie werden aktuelle wie auch frühere Darsteller portraitiert. Von Christian Quadflieg über Walter Plathe bis hin zu Wayne Carpendale. Auch prominente Gastdarsteller finden im Magazin ihren Platz: Die Ministerpräsidenten Björn Engholm und Peter-Harry Carstensen beispielsweise. „Wir haben Fotomaterial von Uschi Glas, die 1986 die weibliche Hauptrolle besetzte und wegen ihrer Schwangerschaft die Dreharbeiten abbrechen musste. Etwa 60.000 D-Mark wurden damals in den Sand gesetzt", gibt Matthias Röhe einige Details preis. Einen weiteren Schwerpunkt bildet die Rubrik „Wo ist Deekelsen" mit vielen Geheimtipps über die Drehorte. Hunderte Touristen aus ganz Deutschland, Österreich und der Schweiz kommen nach Schleswig-Holstein, um sich die Drehorte im Original anzuschauen. Landarzt-Kreuzwort-Rätsel, ein Landarzt-Rezept – ideal zum Nachkochen, einen Überblick über die einzelnen Folgen, sowie die Rubrik „Gestorben in Deekelsen" – wer alles in den vergangenen Jahren verstorben ist – runden das Informationsmagazin ab. Auf vielen Seiten findet sich eine exklusive Foto-Visite mit einmaligen Szenenfotos. Für jeden Landarzt-Fan ist das neue Hochglanzmagazin (erschienen 01/2010) ein Muss! Das Magazin, mit Hunderten Farbfotos aus den Jahren 1986 bis 2010, kann unter www.FoTe-Press.de/Deekelsen bestellt werden und kostet nur 3,99 Euro.

Das Team vom PK 21 und EKH

„Notruf Hafenkante" zählt mit bis zu 4,9 Millionen Zuschauern zu den erfolgreichsten Fernsehserien im Vorabendprogramm des Deutschen Fernsehens. Im Durchschnitt schauen sich etwa 3,6 Millionen Menschen jede einzelne Folge an. Von 2007 bis 2015 wurden bereits 217 Episoden ausgestrahlt. Dabei handelt es sich um eine Mischung aus Polizei-, Arzt- und Familienserie. Im Vordergrund stehen Geschichten aus dem Alltag der Hamburger Polizisten des Kommissariats 21 in der Speicherstadt, sowie den Ärzten aus dem Elbkrankenhaus. Kurzum: „Notruf Hafenkante" ist eine Serie über den Berufsalltag Hamburger Streifenpolizisten und Notärzten, eingebettet mit netten Geschichten Hamburger Bürger.

Das Polizeikommissariat 21 liegt direkt an der Hafenkante. Dabei handelt es sich um eine Uferlinie, die an Neumühlen beginnt, den St. Pauli Landungsbrücken vorbeiführt und bis zur Speicherstadt und der neuen Hafen-City reicht. Das Buch gibt Einzelheiten über die Drehorte der Serie, beschreibt die Charaktere der Polizisten und Ärzte und stellt die Hauptdarsteller vor. Natürlich sind auch berühmte Gastdarsteller berücksichtigt: so standen schon Sky du Mont, Lotto King Karl, Katy Karrenbauer, Karl Dall, Renate Delfs oder beispielsweise Heide Keller vor der Kamera und wirkten in einzelnen Folgen mit.

Der Autor stellt die Hauptdarsteller der Serie von 2007 bis 2015 vor, macht auf Filmfehler aufmerksam, gibt Hintergrundinformationen über die genauen Drehorte und listet in diesem Nachschlagewerk alle bisher ausgestrahlten Folgen auf. Viele Fotos vom Set, die bei Dreharbeiten in Hamburg entstanden runden den Inhalt des Buches ab. ISBN: 978-3-7386-2492-2, BOD, Norderstedt. Preis: 9,99 Euro.

Das Ergänzungsbuch mit dem Titel „Das Team vom PK 21 und EKH II" ist ebenfalls für 9,99 Euro erhältlich. Neue Fotos, zum Teil weitere Kapitel mit zwei Such-Rätseln. ISBN: 978-3-7386-2929-3, BoD.

Hamburg – hier lebten unsere Promis

Hamburg, die Stadt an Alster, Elbe und Bille ist einer der beliebtesten Wohnorte in ganz Deutschland. Mit seinem besonderen Charme, seinen vielen Grünflächen, seinen Gegensätzen zwischen lebendiger Innenstadt und dem ruhigen, dörflichen Rahlstedt oder Osdorf machen die Hansestadt für etwa 1,75 Millionen Menschen interessant. Als internationale Handels- und Hafenstadt steht Hamburg bis heute für Reichtum und Noblese. In der Hansestadt leben die meisten Millionäre (Einkommensmillionäre gemessen an der Einwohnerzahl in Hamburg nach einer Erhebung des Statistischen Bundesamts). Wo sich etwa 1,75 Millionen Menschen wohl fühlen, mischen sich auch viele prominente Persönlichkeiten unters Volk. Viele sorgen als TV-Moderator für gute Laune, verkünden als Sprecher Nachrichten, moderieren Radiosendungen, holen Titel in verschiedenen Sportarten nach Hamburg oder prägen als Architekten das Stadtbild Hamburgs. In einer Auswahl von 79 Kurzbiografien werden in dem Buch „Hamburg - hier lebten unsere Promis" interessante Persönlichkeiten vorgestellt, die in Hamburg und Umgebung ihre einstigen Wohn- und Wirkungsstätten hatten. Sie haben etwas für die Hansestadt Hamburg getan - direkt und indirekt - mit diesem Buch soll ihnen etwas postum zurückgegeben werden. „Hamburg – hier lebten unsere Promis", BoD, ISBN-13: 978-3-7347-4600-0, Preis: 9,99 Euro.

Drehort Schleswig-Holstein

Elf Kreise – unzählige Kulissen. Schleswig-Holstein ist Anziehungspunkt für Film- und Fernsehmacher. Jahr für Jahr entstehen etliche Sendeminuten im Land zwischen den Meeren. In seinem Buch „Drehort Schleswig-Holstein" verrät Autor Matthias Röhe Kulissen vieler Serien und Filme. In welcher Stadt ermittelt „Das Duo"? Wo ist die Praxis vom „Landarzt"? Wo jagen die Wächter von Lübeck in „Vier gegen Z" den gemeinen Zanrelot? In welcher Stadt spürt Hund Kalle den Dieben auf und in welchem Gewässer ermitteln die Wasser- schutzpolizisten der „Küstenwache"? Der Autor des Buches gibt Basisangaben der Serien und Fil-me, beschreibt die Drehorte und zeigt eine große Auswahl an Fotos. Das nördlichste Bundesland zeigt sich als idealer Medienstandort. Radio- und Fernsehsender, sowie ausgewählte Filmgesellschaften werden in dem Buch vorgestellt. Schleswig-Holstein ist mehr als nur Schauplatz, Drehort und Medienstandort. Zahlreiche Prominente aus Film und Fernsehen leben in Schleswig-Holstein. Sie haben Schleswig-Holstein zu ihrem Dreh- und Angelpunkt gemacht. Ausgewählte schleswig-holsteinische Promis stellt Matthias Röhe vor und verrät bei einigen, in welchem Landesteil beziehungsweise welcher Stadt sie wohnen. Selbstverständlich sind keine genauen Adressen zu erfahren, aber dennoch dürfte es bei Lesern Interesse wecken zu erfahren, in welchem Gebiet Schleswig-Holsteins sie zu Hause sind.

Drei Kapitel, ein Buch: Drehort Schleswig-Holstein ist in jeder Buchhandlung oder unter www.fote-press.de/produkte zu bestellen.

Hamburg – hier lebten unsere Promis II

Hamburg, die Stadt an Alster, Elbe und Bille ist einer der beliebtesten Wohnorte in ganz Deutschland. Mit seinem besonderen Charme, seinen vielen Grünflächen, seinen Gegensätzen zwischen lebendiger Innenstadt und dem ruhigen, dörflichen Ohlstedt oder Bergedorf machen die Hansestadt für etwa 1,75 Millionen Menschen interessant. Als internationale Handels- und Hafenstadt steht Hamburg bis heute für Reichtum und Noblese. In der Hansestadt leben die meisten Millionäre (Einkommensmillionäre gemessen an der Einwohnerzahl in Hamburg nach einer Erhebung des Statistischen Bundesamts). Wo sich etwa 1,75 Millionen Menschen wohl fühlen, mischen sich auch viele prominente Persönlichkeiten unters Volk. Viele sorgen als TV-Moderator für gute Laune, verkünden als Sprecher Nachrichten, moderieren Radiosendungen, holen Titel in verschiedenen Sportarten nach Hamburg oder prägen als Architekten das Stadtbild Hamburgs. In einer Auswahl von 79 Kurzbiografien werden in dem Buch „Hamburg - hier lebten unsere Promis" interessante Persönlichkeiten vorgestellt, die in Hamburg und Umgebung ihre einstigen Wohn- und Wirkungsstätten hatten. Sie haben etwas für die Hansestadt Hamburg getan - direkt und indirekt - mit diesem Buch soll ihnen etwas postum zurückgegeben werden. „Hamburg – hier lebten unsere Promis II", BoD, ISBN-13: 978-3-8334-9006-4, Preis: 9,99 Euro.

Tagebuch eines Exhibitionisten

Norman Schulz ist Exhibitionist. Der aus Essen stammende Zeigefreudige beschreibt seine Gefühle, wenn er sich vor fremdem Publikum entblößt. Außerdem gibt er seine Gedanken preis, wenn er von Frauen in der Öffentlichkeit gesehen wird. Was er alles als Exhibitionist erlebt hat, sei es mit Polizisten, Richtern und Betroffenen, beschreibt er detailliert in seinem Buch. Abgerundet wird das Buch mit Gerichtsurteilen zum Thema „Exhibitionismus", Witzen, zum Teil kuriosen Zeitungsartikeln und Zukunftsplänen des Justizministeriums zum Sexualstrafrecht. Außerdem enthält es Fotos und Karikaturen, sowie eine Umfrage unter 100 Frauen, wie sie zum Thema Exhibitionismus stehen. Erschienen im Januar 2016. Zu bestellen unter www.FoTe-Press.de/produkte. Preis: 8,99 Euro. 240 Seiten.

Die Kultbullen aus Hamburg

Anfang 1986 fällt die erste Filmklappe — am 16. Dezember des gleichen Jahres wird die erste Folge unter dem Titel „Mensch, der Bulle ist `ne Frau" ausgestrahlt. Die Serie Großstadtrevier ist geboren und vom ersten Tag an erfolgreich. So erfolgreich, dass gleich nach Ausstrahlung weitere Folgen produziert und gesendet werden. Heute schreiben wir das Jahr 2011 und noch immer werden in Hamburg und Umgebung Folgen für diese Serie gedreht. Zwar sind in der Zwischenzeit viele Köpfe gerollt, aber Witz und Charme sind geblieben. Bemerkenswert: in den vergangenen 25 Jahren gab es nicht mal zehn Todesfälle in der Serie und wenig Blutvergießen.

In dem Buch „Die Kultbullen aus Hamburg" werden Höhe- und Tiefpunkte der vergangenen 25 Jahre skizziert. Es ist eine ideale Ergänzung zu allen bisherigen Produkten der TV-Serie. Die Hauptdarsteller von 1986 bis heute (von Arthur Brauss, Kay Sabban, Mareike Carriére über Peter Neusser, Dorothea Schenck und Edgar Hoppe bis hin zu Jan Fedder, Marc Zwinz und Sophie Moser) werden vorgestellt.

Es gibt Suchrätsel mit Begriffen zur Serie, Interviews mit einigen Darstellern, die prominenten Gastdarsteller werden vorgestellt. Zahlen, Daten, Fakten über die TV-Serie „Großstadtrevier" werden gegeben. Eine Auflistung aller bisher ausgestrahlten Folgen runden den Inhalt ab – außerdem gibt es das Kapitel „300. Folge „Großstadtrevier" mit Informationen über die Dreharbeiten in Bad Segeberg.

Außerdem sind in diesem Buch ganz viele Fotos von den Darstellern, Arbeitsfotos, Setbilder und viele Portraits der Darsteller enthalten. Erschienen im August 2011 im Verlag Books on Demand, Norderstedt. ISBN-13: 978-3-8423-7329-7. Seitenzahl: 124. Preis: 9,99 Euro.

Gleicher Inhalt, gleicher Name. Aber in diesem Buch sind weit über 370 tolle Farbfotos – und darüber hinaus zahlreiche weitere Fotos in schwarzweiß zu sehen. Auf 104 Seiten finden Sie auch in diesem Nachschlagewerk alles Wissenswertes zur Polizeiserie „Großstadtrevier". Das Buch „Die Kultbullen aus Hamburg" ist am 27. Oktober 2011 erschienen, ISBN: 978-3-8423-8349-4. Preis: 11,99 Euro, Books on Demand, Norderstedt.

„Deutschland – hier lebten unsere Promis"

In einer Auswahl von 79 Kurzbiografien werden in dem Buch „Deutschland – hier leben unsere Promis" interessante Persönlichkeiten vorgestellt, die in Deutschland ihre

einstigen Wohn- und Wirkungsstätten hatten. Von Schauspieler Hans Albers über Witta Pohl, Evelyn Hamann, Gerda Gmelin, Gerty Molzen, Helmut Schmidt, Willy Brandt, Sängerin Alexandra, Günter Pfitzmann, Günter Willumeit, bis zu Nachrichtensprecher Peter von Zahn. Das Buch führt den Leser kreuz und quer durch Städte Deutschlands: von Glücksburg im Norden (Beate Uhse) bis Grünwald im Süden (Joachim Fuchsberger), sowie Berlin im Osten (Harald Juhnke) und Köln im Westen (Willy Millowitsch) des Landes. Das Buch soll an die 79 ausgewählten Persönlichkeiten erinnern. Sie haben etwas für Deutschland getan – direkt und indirekt – mit diesem Buch soll ihnen etwas postum zurückgegeben werden.

Menschen hinterlassen auf ihrer Odyssee durch die Jahrtausende eine Vielzahl von Spuren, die an das eigene Leben und Wirken erinnern sollen. Zum Beispiel an alltägliche oder außerordentliche Ereignisse, aber auch an herausragende Persönlichkeiten aus Unterhaltung, Sport, Politik oder Wirtschaft.

In langer Tradition stehen Gedenken und Erinnern und werden bis heute in verschiedenen Formen dargestellt: Ob als Höhlen- und Felsmalerei, als Pyramide, auf Friedhöfen als Gedenkstein oder -stätte, als Skulptur oder Plastik, als Denkmal oder Mausoleum. Nach Berliner Vorbild könnten in naher Zukunft vielleicht auch in Hamburg, München, Köln, Frankfurt oder in welcher Stadt auch immer mehr von solchen Gedenktafeln aufgestellt werden. Natürlich nur, wenn der Hauseigentümer damit einverstanden ist. Aber Argumente und Gründe gibt es sicher viele: In Erinnerung an großartige Persönlichkeiten, die sich in Deutschland durch hervorragende Leistungen in verschiedenen Bereichen hervorgehoben haben. 79 von ihnen werden auf in diesem schmalen Nachschlagewerk vorgestellt. Der Leser erfährt auf 78 Seiten in Form von Kurzbiografien, warum genau diese Protagonisten zu den Persönlichkeiten gehören und womit sie sich verdient gemacht haben.

Angaben zum Buch: Taschenbuch, 78 Seiten, erschienen bei Books on Demand (November 2015). ISBN: 978-3-7392-1063-6. Preis: 9,99 Euro. Es ist ab sofort in jeder Buchhandlung oder im Internet unter www.fote-press.de/produkte zu bestellen.

„Komparsen-Guide – So komme ich ins Fernsehen"

Faszination Film und Fernsehen: Für viele ist es ein Traum, in einer TV-Serie oder einem Kinofilm mitzumachen. Entweder wollen sie von ihrem Freundeskreis zu hören bekommen „Hey, ich habe dich gestern im Fernsehen gesehen. Cooler Auftritt" oder sie wollen einfach mal Filmluft schnuppern und bei Dreharbeiten von Serien wie „Großstadtrevier", „SoKo Wismar", „Stubbe – von Fall zu Fall", „Alarm für Cobra 11" oder beispielsweise „Der Bergdoktor" hautnah dabei sein. Als Komparse oder Kleindarsteller kann dieser Traum Wirklichkeit werden.

Der „Komparsen-Guide – So komme ich ins Fernsehen" gibt Einblicke in die Komparserie und gibt hilfreiche Tipps für den Fall, dass auch Sie einmal als Komparse oder Kleindarsteller in einer Serie, Reihe oder einem Film vor der Kamera stehen möchten.

Dieses Buch beschreibt beispielhaft in Form von Erlebnisberichten, was die Aufgabe eines Komparsen sein kann, erklärt den ersten Schritt bezüglich der Kontaktaufnahme zu einer Komparsen- oder Castingagentur und gibt Details zu den Abläufen eines Komparsenauftritts. Eine Frage taucht ebenfalls immer wieder auf: „Wie läuft es bei den Dreharbeiten eigentlich ab?" In dem „Komparsen-Guide – so komme ich ins Fernsehen" werden genau diese Fragen beantwortet.

Sie erhalten detaillierte Informationen in Form von Erlebnisberichten über verschiedene Aufgaben eines Komparsen. Versetzen Sie sich gerne in die jeweilige Situation und fragen Sie sich gerne zwischendurch „Kann ich das auch?" – und wenn Sie diese Frage mit einem eindeutigen „Ja" beantworten können, lesen Sie sich durch die folgenden Seiten dieses Buches. Verinnerlichen Sie den einen oder anderen Hinweis, den vielleicht ausschlaggebenden Tipp und dann nichts wie hin zu einer der vielen Komparsen- und Castingagenturen. Jeder hat eine Chance: ob jung oder alt, mit roten, blonden oder schwarzen Haaren. Ob mit Voll- oder Dreitagebart, mit Tattoos oder auffälligen Schnurrbärten. Ob klein oder groß, dick oder dünn. Im Prinzip wird jeder Typ gefragt. Auch die Aufgaben sind unterschiedlich: so werden „echte Polizisten" auch gerne mal als Polizisten eingesetzt, genauso wie „echte Handwerker" ein Bad im Hintergrund fachgerecht einrichten. „Komparsen-Guide – So komme ich ins Fernsehen", Taschenbuch: 144 Seiten, Books on Demand. ISBN-Nr: 978-3-7386-5715-9. Preis: 6,99 Euro.
Auch unter www.FoTe-Press.de/produkte ist das Buch erhältlich.

Jeden Montag gehen die Beamten des 14. Polizeireviers auf Streife und in der ARD auf Sendung. „Großstadtrevier" ist eine Vorabendserie, die seit dem Jahre 1986 mit großem Erfolg im deutschen Fernsehen läuft. Fast 300 gedrehte Folgen wurden bis 2009 in 23 Staffeln produziert. Im Jahr 2005 wurde die Serie mit der „Goldenen Kamera" als beste Kultserie ausgezeichnet. Die Handlungen lassen sich kurzum erzählen: Polizeialltag auf dem Hamburger „Kiez". Im Buch „Das 14. Revier" erzählt der Autor über die Drehorte, beschreibt die Charaktere der Figuren und stellt die Darsteller vor. Alle bis zum Jahr 2009 ausgestrahlten Folgen im Überblick, eine Auflistung prominenter Gastdarsteller, sowie eine umfangreiche Bilderstrecke runden den Inhalt ab. Eine Besonderheit dürfte die Kategorie Filmfehler sein. So geht der Autor auf formale, inhaltliche und Kamerafehler ein. Zudem sind Interviews mit drei Hauptdarstellern in dem Buch veröffentlicht. Für Fans der Serie ein Muss! Das Buch ist eine ideale Ergänzung zu allen bisherigen veröffentlichten Büchern und Produkten dieser Serie. Viele Szenen- und Arbeitsfotos vom Set!

Buch „Das 14. Revier", ISBN-13: 978-3-8391-2690-5, BoD, Preis 9,99 Euro.

Hamburg: Stadt wie im Film

Hamburg ist Anziehungspunkt für zahlreiche Film- und Fernsehmacher. Täglich entstehen etliche Sendeminuten in der Millionenmetropole an Elbe, Alster und Bille. Es gibt keinen Stadtteil, der nicht von Filmemachern als Kulisse dient. In seinem Buch „Hamburg – eine Stadt wie im Film" verrät Autor Matthias Röhe Kulissen vieler Serien und Filme. Wo beamen sich die Mädels aus „Emmas Chatroom" nach Hamburg? In welchem Stadtteil ermitteln die Pfefferkörner? Wo ist das Revier 14 aus dem Großstadtrevier? Wo jagen die Wächter aus „4 gegen Z" den gemeinen Zanrelot? Wo steht das Kriminaltechnische Institut der Gerichtsmedizinerin? Der Autor gibt Basisangaben der Serien und Filme, beschreibt die Drehorte und zeigt eine Auswahl an Fotos. Hamburg zieht nicht nur Filmemacher in die Stadt, sondern die Hansestadt an der Elbe zeigt sich als idealer Medienstandort. Ein Streifzug durch die Medienlandschaft Hamburgs mit vielen Infos und Fotos.

Hamburg ist viel mehr als nur Schauplatz und Drehort. Zahlreiche Prominente aus Film und Fernsehen leben in der Hansestadt. Sie haben Hamburg zu ihrem Dreh- und Angelpunkt gemacht.

Drei Themen, ein Buch: „Hamburg – eine Stadt wie im Film", käuflich zu erwerben auf der Seite www.FoTe-Press.de/produkte für den Preis in Höhe von 9,99 Euro.